Stéphane Vallée

Plus de 30 tests pour se préparer et réussir!

6e année MATHÉMATIQUE

T0204748

Illustrations : Agathe Bray-Bourret et Julien Del Busso
Couverture : Bruno Paradis d'après un concept de Cyclone Design
Illustration de la couverture : EyeWire Images
Révision : Audrey Faille
Correction d'épreuves : Richard Bélanger

Imprimé au Canada

ISBN 978-2-89642-415-3

Dépôt légal – Bibliothèque et Archives nationales du Québec, 2011

© 2011 Éditions Caractère inc.
1re impression

Canadä

Visitez le site des Éditions Caractère
editionscaractere.com

TABLE DES MATIÈRES

Plus de 30 tests pour se préparer et réussir est un ouvrage qui s'adresse aux parents qui souhaitent aider leur enfant à développer ou à étendre leur champ de compétences en mathématique. Les activités qui le composent visent à déterminer les notions acquises et celles qui nécessitent une attention particulière.

Cet ouvrage couvre l'ensemble des savoirs essentiels contenus dans le Programme de formation de l'école québécoise. Votre enfant pourra ainsi réviser ce qui est appris tout au long de l'année scolaire. Aussi, on n'a pas à suivre l'ordre des sections : votre jeune peut approfondir et consolider les concepts et processus selon le moment où ils sont abordés par son enseignant ou son enseignante.

Le principe est simple : un premier test portant sur un sujet déterminé vous donnera une idée de ce que votre enfant a acquis et des éléments devant être travaillés. Si le premier test est réussi, le suivant, qui porte sur un autre sujet, peut alors être entamé. Si vous voyez que votre enfant éprouve des difficultés, une série d'exercices lui permettra de s'entraîner. Un deuxième test est donné après la première série d'exercices dans le but de vérifier la compréhension de votre enfant. Si ce test est réussi, le suivant devient alors son prochain défi, sinon une autre série d'exercices lui permettra de se perfectionner. Chacun des 17 chapitres de cet ouvrage est ainsi divisé.

Les exercices proposés sont variés et stimulants. Ils favorisent une démarche active de la part de votre enfant dans son processus d'apprentissage et s'inscrivent dans la philosophie du Renouveau pédagogique.

Cet ouvrage vous donnera un portrait global des connaissances de votre enfant et vous permettra de l'accompagner dans son cheminement scolaire.

Le corrigé de cette nouvelle édition fournit les explications nécessaires pour résoudre les problèmes mathématiques afin de mieux vous outiller pour aider votre enfant.

Bon travail !

Stéphane Vallée

1. Écris les nombres suivants en chiffres.

a) trois cent huit mille six cent cinquante-quatre   _____

b) neuf cent quatre-vingt-douze mille soixante-dix-sept   _____

c) six cent dix mille deux cent vingt-neuf   _____

d) seize mille treize   _____

e) quatre cent soixante-trois mille cinq cent quarante-deux   _____

f) huit cent quatre-vingt-cinq mille trois cent soixante et onze   _____

2. Trouve la valeur de position du ou des chiffres soulignés.

Exemple : 5<u>73</u> 982 : 73 000

a) 424 <u>6</u>37 : _____   b) <u>9</u>04 521 : _____

c) 255 <u>4</u>60 : _____   d) <u>136</u> 482 : _____

e) 837 2<u>9</u>4 : _____   f) <u>75</u>2 835 : _____

g) 346 <u>7</u>03 : _____   h) 60<u>6</u> 060 : _____

3. Compare les nombres en utilisant les symboles <, > ou =.

a) 7^3 _____ 342   b) 3^5 _____ 244

c)   620 _____ 5^5 d) $2^4 + 3^2$ _____ 25

e) $6^4 - 7^2$ _____ 1200   f)   723 _____ 9^3

g) 4^4 _____ 2^6 h) 8^3 _____ 4^5

4. Place les nombres dans l'ordre croissant.

746 030	640 703	736 400	430 076	673 040	470 603
630 704	364 007	406 730	700 436	370 604	403 706
376 040	634 070	703 640	403 670	730 064	637 004

_____

_____

Test

5. Transforme les nombres écrits en chiffres arabes en nombres écrits en chiffres romains.

a) 3032 : _____   b) 2769 : _____

c) 1887 : _____   d) 3615 : _____

e) 3333 : _____   f) 1524 : _____

g) 2491 : _____   h) 3906 : _____

6. Exprime chaque nombre avec exposant sous forme d'équations, puis trouve la réponse.

Exemple : $6^3 = 6 \times 6 \times 6 = 216$

a) $2^8 =$ _____ = _____   b) $3^7 =$ _____ = _____

c) $4^6 =$ _____ = _____   d) $5^4 =$ _____ = _____

e) $6^5 =$ _____ = _____   f) $7^5 =$ _____ = _____

g) $8^4 =$ _____ = _____   h) $9^4 =$ _____ = _____

7. Complète les suites de nombres après avoir déterminé la règle.

a) 23 784, 23 789, 23 794, 23 799, _____, _____, _____, _____

b) 45 836, 45 828, 45 820, 45 812, _____, _____, _____, _____

c) 62 541, 62 548, 62 544, 62 551, _____, _____, _____, _____

d) 34 270, 34 276, 34 279, 34 285, _____, _____, _____, _____

e) 70 008, 69 999, 69 996, 69 987, _____, _____, _____, _____

f) 285 466, 285 467, 285 469, 285 472, _____, _____, _____, _____

g) 519 689, 519 589, 519 489, 519 389, _____, _____, _____, _____

h) 321 465, 323 465, 325 465, 327 465, _____, _____, _____, _____

i) 879 942, 878 942, 879 442, 878 442, _____, _____, _____, _____

j) 458 396, 458 407, 458 418, 458 429, _____, _____, _____, _____

Test

1. **Transforme les nombres exprimés sous forme exponentielle en nombres naturels, puis arrondis-les...**

	À l'unité de mille près	À la centaine près	À la dizaine près
a) 8^4			
b) 3^7			
c) 5^5			
d) 7^4			
e) 6^5			

2. **Dans l'Antiquité, les adresses des résidences romaines étaient écrites en chiffres romains. Transforme les nombres en chiffres arabes.**

a) MMCDXXV = _____   b) MMMCCCXLIV = _____   c) DCCXXXI = _____

d) CMLVIII = _____   e) MDCCCXC = _____   f) MMCMLXVI = _____

3. **Les sondes spatiales peuvent parcourir de très longues distances entre les planètes. Place les distances dans l'ordre décroissant.**

489 052 km   890 542 km   528 940 km   294 805 km   409 852 km   584 209 km
905 248 km   854 209 km   259 408 km   428 590 km   924 508 km   820 495 km
480 925 km   520 498 km   958 420 km   895 024 km   598 042 km   849 502 km

_____

_____

4. **Autrefois, les scribes écrivaient sur du papyrus tout ce que leur dictait leur pharaon. Écris les nombres suivants en lettres.**

a) 748 313 : _____

b) 276 575 : _____

c) 490 067 : _____

d) 503 492 : _____

e) 888 936 : _____

f) 327 851 : _____

g) 900 019 : _____

Exercices

5. **Découvre le nombre mystère. Pour ce faire, colorie en bleu les cases qui contiennent un nombre ayant un 7 à la position des dizaines de mille, en rouge celles qui contiennent un nombre ayant un 9 à la position des unités de mille, en vert celles qui contiennent un nombre ayant un 4 à la position des centaines, et en mauve celles qui contiennent un nombre ayant un 5 à la position des unités.**

572 164	976 521	573 928	541 498	134 115	608 795	298 468	659 567
300 675	819 340	713 352	459 572	272 973	716 469	486 135	517 469
163 482	727 423	326 165	334 428	303 235	371 594	645 450	769 892
278 592	678 798	869 364	289 236	425 489	829 176	862 499	426 545
464 885	539 587	433 275	173 589	592 525	975 083	959 526	874 328
609 170	454 215	952 427	969 306	689 884	182 385	739 347	375 394
826 469	371 983	174 592	812 825	761 460	519 651	529 294	943 565
559 758	245 305	605 453	774 518	849 342	291 482	370 941	289 974
488 045	189 362	549 007	689 987	976 619	425 175	173 336	831 458
374 337	963 413	288 451	573 999	159 543	371 592	276 558	194 785
773 849	189 834	272 924	491 469	571 060	758 135	877 777	129 642
309 693	219 536	926 625	674 553	835 406	144 895	753 245	562 375

Le nombre mystère est _____.

6. **La calculette d'Angélique s'est détraquée. Écris tous les nombres impairs situés entre 458 076 et 458 136, sauf ceux qui se terminent par 3.**

_____

_____

7. **La caisse enregistreuse de Louis s'est déréglée. Écris tous les nombres pairs situés entre 729 987 et 730 051, sauf ceux qui se terminent par 8.**

_____

_____

Exercices

8. **Les sauterelles sont reconnues pour effectuer de prodigieux bonds. Complète les suites en identifiant la règle.**

a) Règle : _____

52, 58, 4^3, 70, _____, _____, _____, _____

b) Règle : _____

5^2, 50, 10^2, 200, _____, _____, _____, _____

c) Règle : _____

230, 3^5, 2^8, 269, _____, _____, _____, _____

d) Règle : _____

393, 7^3, 293, 3^5, _____, _____, _____, _____

e) Règle : _____

4^4, 262, 260, 266, _____, _____, _____, _____

f) Règle : _____

2^9, 4^4, 2^7, 8^2, _____, _____, _____, _____

9. **Au bureau des statistiques, un fonctionnaire s'est amusé à décomposer les nombres. Recompose chacun d'entre eux.**

a) 4 c + 8000 + 23 d de m + 56 =   _____

b) 5 + 79 c + 60 000 + 9 d + 105 =   _____

c) 203 + 42 + 7 c + 104 + 300 000 =   _____

d) 9 c de m + 54 + 2000 + 7 d de m =   _____

e) 6 u de m + 83 + 34 d de m =   _____

f) 400 000 + 23 + 102 + 50 + 7000 + 2 d de m =   _____

g) 93 d + 60 000 + 8 c de m =   _____

h) 374 c + 43 + 500 000 =   _____

1. Décompose les nombres de deux façons.

Exemple : 256 397 = 200 000 + 50 000 + 6 000 + 300 + 90 + 7

2 c de m + 5 d de m + 6 u de m + 3 c + 9 d + 7 u

a) 638 274 = _____

_____

b) 590 128 = _____

_____

c) 824 335 = _____

_____

d) 463 862 = _____

_____

e) 175 483 = _____

_____

2. Arrondis les nombres suivants...

	À la centaine de mille près	À la dizaine de mille près	À la centaine près	À la dizaine près
a) 374 692				
b) 236 273				
c) 582 439				
d) 908 914				
e) 775 527				

3. Compare les nombres en utilisant les symboles <, > ou =.

a) 2^5 _____ 5^2 b) 5^3 _____ 3^5 c) $\sqrt{256}$ _____ 4^3

d) 3^4 _____ 4^3 e) 8^2 _____ 2^8 f) 7^2 _____ 6^3

g) 9^2 _____ 2^9 h) 3^4 _____ 9^2 i) 3^4 _____ 8^2

j) $\sqrt{9}$ _____ 0^3 k) 4^3 _____ 8^2 l) 7^4 _____ 9^3

Test

1. La racine carrée se trouve en identifiant le nombre à la base d'un nombre carré. Trouve la racine carrée des nombres suivants.

a) $\sqrt{64}$ = _____   b) $\sqrt{100}$ = _____   c) $\sqrt{144}$ = _____

d) $\sqrt{225}$ = _____   e) $\sqrt{324}$ = _____   f) $\sqrt{121}$ = _____

g) $\sqrt{400}$ = _____   h) $\sqrt{625}$ = _____   i) $\sqrt{289}$ = _____

2. Les kangourous et les wallabies se déplacent par bonds. Complète les suites de nombres en identifiant la règle.

a) Règle : _____

   5^2, 33, 41, 7^2, _____, _____, _____, _____

b) Règle : _____

   9^3, 713, 697, 681, _____, _____, _____, _____

c) Règle : _____

   $\sqrt{900}$, 40, 35, 45, _____, _____, _____, _____

d) Règle : _____

   2^3, 32, $\sqrt{256}$, 4^3, _____, _____, _____, _____

e) Règle : _____

   $\sqrt{169}$, 39, 29, 87, _____, _____, _____, _____

f) Règle : _____

   10^4, 9750, 9500, 9250, _____, _____, _____, _____

3. Identifie le nombre pair qui vient immédiatement avant et le nombre impair qui vient immédiatement après.

a) _____ 5^2 _____   b) _____ $\sqrt{484}$ _____   c) _____ 673 _____

d) _____ $\sqrt{81}$ _____   e) _____ 9^3 _____   f) _____ 1520 _____

g) _____ 2^5 _____   h) _____ 4799 _____   i) _____ $\sqrt{196}$ _____

Exercices

4. **Edgar veut semer des légumes dans son potager, mais il lui manque un certain outil de jardinage. Relie les nombres pairs dans l'ordre croissant afin de découvrir l'outil de jardinage en question.**

• 3^4	• 390	• 8^3	• 672	• 900	• 5^2
• 138	• 4^4	• 79	• 7^2	• 10^3	• 3^2
• 9^1	• 146	• 3^3	• 127	• 4^5	• 841
• 885	• 29	• 2^7	• 6^4	• 5^3	• 7^4
• 3^6	• 123	• 10^2	• 6^1	• 9^2	• 255
• 459	• 65	• 8^2	• 2^3	• 573	• 703
• 9^3	• 7^3	• 58	• 4^2	• 3^4	• 609
• 5^4	• 327	• 6^2	• 24	• 343	• 7^5
• 711	• 3^5	• 951	• 9^4	• 527	• 5^5

L'outil de jardinage qui manque à Edgar est un(e) _____.

5. **Sur son terrain, bien avant que Pierre-Luc ne vienne au monde, son oncle Raymond avait planté au fond de la cour un bouleau, un érable, un pin, un chêne et un peuplier. La semaine dernière, Pierre-Luc a rendu visite à son oncle, et il s'est rendu compte que les arbres avaient bien profité : la circonférence du bouleau est maintenant de 7^2 cm, celle du pin est de 5^3 cm, celle du chêne est de 2^7 cm, celle du peuplier est de 4^3 cm, et celle de l'érable est de 3^4 cm. Pierre-Luc s'est aussi rendu compte que les arbres étaient plantés selon leur circonférence dans l'ordre décroissant. Illustre l'alignement des arbres en identifiant chacun d'eux.**

    Démarche :

    Illustration :

6. **Lors d'un séjour dans les Caraïbes, Judith et Daniel en ont profité pour faire l'expérience de la plongée sous-marine. Parmi les coraux et les algues, ils ont aperçu un calmar géant pesant environ 6^3 kg, un requin-tigre pesant autour de 3^6 kg, un rorqual à bosse pesant approximativement 8^5 kg, un dauphin clymène pesant un peu moins de 4^3 kg, ainsi qu'un requin blanc pesant plus ou moins 7^4 kg. Place ces animaux marins dans l'ordre croissant selon leur poids respectif.**

    Démarche :

    Réponse : _____

7. **Cinq amis se disputent à savoir lequel d'entre eux possède le plus de timbres-poste dans sa collection. Marc en possède 4^4, Josée en possède 3^5, Édith en possède 6^3, Geneviève en possède 2^8, et Jonathan en possède 5^4. Quels amis possèdent le même nombre de timbres dans leur collection ?**

    Démarche :

    Réponse : _____ et _____ possèdent le même nombre de timbres-poste
    dans leur collection.

Exercices

1. Encercle le nombre de fourmis qui équivaut à la fraction.

a) $\dfrac{3}{7}$

b) $\dfrac{4}{9}$

c) $\dfrac{1}{4}$

d) $\dfrac{5}{6}$

e) $\dfrac{4}{5}$

f) $\dfrac{5}{8}$

2. Colorie les parties manquantes afin d'obtenir les fractions indiquées.

a) $\dfrac{3}{4}$

b) $\dfrac{3}{5}$

c) $\dfrac{4}{7}$

d) $\dfrac{3}{4}$

e) $\dfrac{7}{8}$

f) $\dfrac{4}{10}$

3. Compare les fractions en utilisant les symboles <, > ou =.

a) $\dfrac{2}{3}$ _____ $\dfrac{3}{7}$

b) $\dfrac{5}{6}$ _____ $\dfrac{9}{10}$

c) $\dfrac{1}{4}$ _____ $\dfrac{2}{5}$

d) $\dfrac{5}{8}$ _____ $\dfrac{4}{9}$

e) $\dfrac{6}{9}$ _____ $\dfrac{2}{3}$

f) $\dfrac{3}{4}$ _____ $\dfrac{6}{8}$

g) $\dfrac{4}{7}$ _____ $\dfrac{1}{3}$

h) $\dfrac{5}{6}$ _____ $\dfrac{3}{4}$

i) $\dfrac{2}{9}$ _____ $\dfrac{4}{7}$

4. Place les fractions dans l'ordre décroissant.

$$\dfrac{5}{6} \quad \dfrac{2}{9} \quad \dfrac{3}{5} \quad \dfrac{3}{8} \quad \dfrac{1}{2} \quad \dfrac{7}{8} \quad \dfrac{3}{4} \quad \dfrac{2}{3} \quad \dfrac{4}{7} \quad \dfrac{5}{9} \quad \dfrac{2}{7} \quad \dfrac{1}{5}$$

$\dfrac{7}{8}, \dfrac{3}{4}, \dfrac{3}{5}, \dfrac{4}{7} \dfrac{5}{6}\dfrac{5}{9}, \dfrac{3}{8}, \dfrac{2}{7}, \dfrac{2}{9}, \dfrac{1}{3}$

Test

5. Réduis chaque fraction à sa plus simple expression.

a) $\dfrac{10}{14} = $ _5/7_ b) $\dfrac{3}{9} = $ _1/3_ c) $\dfrac{8}{10} = $ _4/5_ d) $\dfrac{6}{16} = $ _3/8_

e) $\dfrac{15}{25} = $ _3/5_ f) $\dfrac{12}{20} = $ _3/5_ g) $\dfrac{16}{24} = $ _2/3_ h) $\dfrac{20}{36} = $ _5/9_

i) $\dfrac{45}{50} = $ _____ j) $\dfrac{12}{60} = $ _____ k) $\dfrac{15}{60} = $ _____ l) $\dfrac{18}{27} = $ _____

6. Encercle les fractions irréductibles.

$\dfrac{27}{40}$ $\dfrac{19}{38}$ $\dfrac{30}{81}$ $\dfrac{23}{50}$ $\dfrac{28}{70}$ $\dfrac{9}{13}$ $\dfrac{41}{60}$ $\dfrac{22}{55}$ $\dfrac{40}{63}$

$\dfrac{39}{91}$ $\dfrac{12}{37}$ $\dfrac{6}{77}$ $\dfrac{18}{80}$ $\dfrac{34}{85}$ $\dfrac{15}{28}$ $\dfrac{10}{42}$ $\dfrac{30}{75}$ $\dfrac{21}{46}$

7. Transforme les fractions en nombres fractionnaires.

a) $\dfrac{7}{5} = $ _____ b) $\dfrac{9}{4} = $ _____ c) $\dfrac{5}{2} = $ _____ d) $\dfrac{13}{6} = $ _____

e) $\dfrac{8}{3} = $ _____ f) $\dfrac{11}{8} = $ _____ g) $\dfrac{6}{4} = $ _____ h) $\dfrac{4}{3} = $ _____

i) $\dfrac{10}{7} = $ _____ j) $\dfrac{22}{5} = $ _____ k) $\dfrac{24}{7} = $ _____ l) $\dfrac{33}{4} = $ _____

8. Transforme les pourcentages en fractions irréductibles.

a) 25 % = _____ b) 10 % = _____ c) 45 % = _____ d) 60 % = _____

e) 12 % = _____ f) 36 % = _____ g) 55 % = _____ h) 72 % = _____

i) 24 % = _____ j) 80 % = _____ k) 64 % = _____ l) 50 % = _____

9. Encercle la fraction équivalente à la première.

a) $\mathbf{\dfrac{3}{8}}$ $\dfrac{7}{24}$ $\dfrac{14}{32}$ $\dfrac{20}{48}$ $\dfrac{21}{56}$ b) $\mathbf{\dfrac{5}{7}}$ $\dfrac{9}{14}$ $\dfrac{15}{21}$ $\dfrac{30}{35}$ $\dfrac{32}{42}$

c) $\mathbf{\dfrac{4}{9}}$ $\dfrac{9}{18}$ $\dfrac{18}{36}$ $\dfrac{20}{45}$ $\dfrac{35}{54}$ d) $\mathbf{\dfrac{2}{5}}$ $\dfrac{6}{15}$ $\dfrac{7}{20}$ $\dfrac{15}{40}$ $\dfrac{22}{50}$

e) $\mathbf{\dfrac{1}{3}}$ $\dfrac{5}{12}$ $\dfrac{8}{18}$ $\dfrac{10}{24}$ $\dfrac{9}{27}$

Test

1. **Relie les fractions dans l'ordre croissant à partir de l'astérisque, et ce, afin de découvrir ce que les Français ont offert aux Américains à l'occasion du 100ᵉ anniversaire de leur indépendance en tant que nation.**

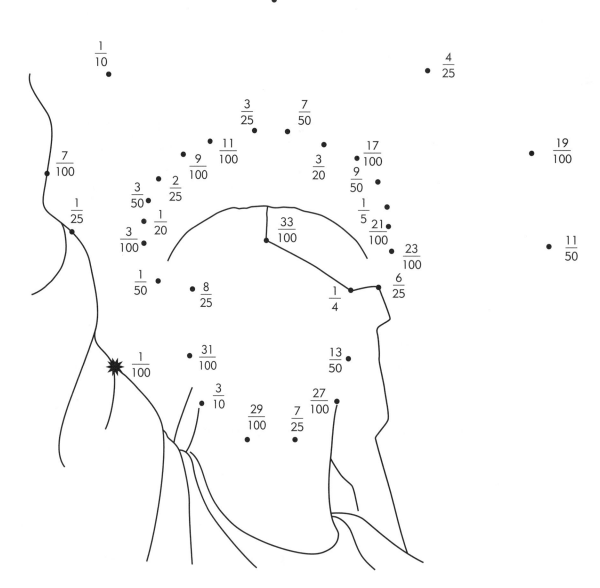

Réponse : Les Français ont offert la _____ aux Américains à l'occasion du 100ᵉ anniversaire de leur indépendance en tant que nation.

Exercices

2. Représente chacune des fractions en encerclant le nombre d'éléments approprié.

a) $\dfrac{6}{7}$

b) $\dfrac{1}{6}$

c) $\dfrac{4}{5}$

d) $\dfrac{5}{8}$

e) $\dfrac{2}{3}$

f) $\dfrac{2}{5}$

3. Forme des couples en reliant par un trait les pourcentages aux fractions équivalentes.

a)   28 % •

b)   55 % •

c) 275 % •

d)   32 % •

e) 370 % •

f)   14 % •

g)   60 % •

h)   72 % •

i) 150 % •

j)   40 % •

k)   45 % •

l)   35 % •

• $\dfrac{8}{25}$

• $\dfrac{18}{25}$

• $1\dfrac{1}{2}$

• $\dfrac{7}{50}$

• $\dfrac{9}{20}$

• $\dfrac{11}{20}$

• $3\dfrac{7}{10}$

• $\dfrac{7}{25}$

• $\dfrac{7}{20}$

• $2\dfrac{3}{4}$

• $\dfrac{2}{5}$

• $\dfrac{3}{5}$

Exercices

1. Compare les fractions et les pourcentages en utilisant les symboles <, > ou =.

a) $78\ \%$ _____ $\dfrac{3}{4}$ b) $\dfrac{1}{6}$ _____ $18\ \%$ c) $\dfrac{5}{8}$ _____ $65\ \%$

d) $60\ \%$ _____ $\dfrac{7}{12}$ e) $\dfrac{6}{15}$ _____ $40\ \%$ f) $\dfrac{9}{16}$ _____ $52\ \%$

g) $\dfrac{13}{20}$ _____ $65\ \%$ h) $\dfrac{5}{18}$ _____ $28\ \%$ i) $12\ \%$ _____ $\dfrac{3}{25}$

2. Réduis chaque fraction à sa plus simple expression.

a) $\dfrac{13}{39} =$ _____   b) $\dfrac{10}{45} =$ _____   c) $\dfrac{18}{60} =$ _____

d) $\dfrac{27}{66} =$ _____   e) $\dfrac{25}{85} =$ _____   f) $\dfrac{4}{72} =$ _____

3. Dans une oasis située au cœur du Sahara, on compte 60 arbres et arbustes, dont 6 grenadiers, 10 vignes grimpantes, 15 palmiers dattiers, 8 figuiers, 9 oliviers et 12 amandiers. Quelle fraction irréductible est représentée par chaque arbre et chaque arbuste par rapport à l'ensemble de l'oasis ?

Démarche :

Réponse : Les grenadiers représentent _____ des arbres et arbustes de l'oasis;

les vignes grimpantes, _____ ; les palmiers dattiers, _____ ; les figuiers, _____ ;

les oliviers, _____ et les amandiers, _____ .

4. Les grandes villes cosmopolites accueillent des immigrants venant de partout à travers le monde. Aussi, dans une école primaire à laquelle sont inscrits 252 élèves, on compte 27 élèves d'origine canadienne, 30 d'origine vietnamienne, 36 d'origine libanaise, 48 d'origine polonaise, 54 d'origine marocaine, 18 d'origine italienne, 15 d'origine colombienne et 24 d'origine sud-africaine. Quelle fraction irréductible est représentée par chaque groupe par rapport à l'ensemble de la population de l'école ?

Démarche :

Réponse : Les élèves d'origine canadienne représentent _____ de l'ensemble de la

population de l'école; ceux d'origine vietnamienne, _____ ; ceux d'origine libanaise,

_____ ; ceux d'origine polonaise, _____ ; ceux d'origine marocaine, _____ ;

ceux d'origine italienne, _____ ; ceux d'origine colombienne, _____ et ceux

d'origine sud-africaine, _____ .

Test

1. Place approximativement les fractions sur les droites numériques.

Exemple : $\dfrac{1}{2}$

a) $\dfrac{2}{3}$ 0 ─────────────────────────────────── 1

b) $\dfrac{1}{4}$ 0 ─────────────────────────────────── 1

c) $\dfrac{3}{5}$ 0 ─────────────────────────────────── 1

d) $\dfrac{5}{6}$ 0 ─────────────────────────────────── 1

e) $\dfrac{3}{8}$ 0 ─────────────────────────────────── 1

f) $\dfrac{4}{9}$ 0 ─────────────────────────────────── 1

g) $\dfrac{7}{10}$ 0 ─────────────────────────────────── 1

h) $\dfrac{9}{20}$ 0 ─────────────────────────────────── 1

Exercices

2. Trouve toutes les fractions équivalentes pour chaque fraction en tenant compte que le dénominateur ne doit pas dépasser **50**.

a) $\dfrac{4}{9}$ _____ , _____ , _____ , _____

b) $\dfrac{3}{8}$ _____ , _____ , _____ , _____ , _____

c) $\dfrac{4}{5}$ _____ , _____ , _____ , _____ , _____ , _____ , _____ , _____ , _____

d) $\dfrac{2}{3}$ _____ , _____ , _____ , _____ , _____ , _____ , _____ , _____ , _____ ,

_____ , _____ , _____ , _____ , _____

e) $\dfrac{1}{6}$ _____ , _____ , _____ , _____ , _____ , _____ , _____

f) $\dfrac{3}{10}$ _____ , _____ , _____ , _____

g) $\dfrac{3}{4}$ _____ , _____ , _____ , _____ , _____ , _____ , _____ , _____ ,

_____ , _____

h) $\dfrac{6}{7}$ _____ , _____ , _____ , _____ , _____ , _____

3. Place les fractions dans la bonne colonne du tableau.

$\dfrac{2}{9}$ $\dfrac{5}{8}$ $\dfrac{1}{7}$ $\dfrac{1}{2}$ $\dfrac{4}{5}$ $\dfrac{1}{5}$ $\dfrac{2}{5}$ $\dfrac{7}{2}$ $\dfrac{5}{7}$ $\dfrac{3}{10}$ $\dfrac{6}{7}$ $\dfrac{1}{4}$

$\dfrac{3}{8}$ $\dfrac{5}{9}$ $\dfrac{3}{4}$ $\dfrac{7}{9}$ $\dfrac{7}{6}$ $2\dfrac{2}{5}$ $\dfrac{1}{10}$ $\dfrac{2}{7}$ $\dfrac{9}{10}$ $\dfrac{1}{8}$ $\dfrac{5}{6}$ $\dfrac{4}{9}$

$\dfrac{3}{5}$ $\dfrac{7}{10}$ $\dfrac{8}{9}$ $1\dfrac{1}{3}$ $\dfrac{7}{8}$ $\dfrac{3}{3}$ $\dfrac{3}{7}$ $\dfrac{1}{9}$ $\dfrac{6}{6}$ $\dfrac{4}{7}$ $\dfrac{9}{4}$ $\dfrac{1}{6}$

Entre 0 % et 25 %	Entre 26 % et 50 %	Entre 51 % et 75 %	Entre 76 % et 100 %	Plus de 100 %

Exercices

1. Place les nombres décimaux dans l'ordre décroissant.

237,58	378,25	87,523	527,38	73,582	238,57
87,235	7385,2	72,853	375,82	235,78	3852,7
78,523	527,83	32,587	325,78	2587,3	328,75

_____

_____

2. Décompose les nombres décimaux.

Exemple : $4568,352 = 4000 + 500 + 60 + 8 + \dfrac{3}{10} + \dfrac{5}{100} + \dfrac{2}{1000}$

a) $28\ 529,76 =$ _____

b) $7584,653 =$ _____

c) $483\ 951,8 =$ _____

d) $692,296 =$ _____

e) $5038,47 =$ _____

3. Place les chiffres qui composent chaque nombre décimal au bon endroit dans le tableau :
34,57 – 251,3 – 19 847,64 – 7583,802 – 877,29 – 95,658 – 6420,87 – 55 423,4.

Dizaines de mille	Unités de mille	Centaines	Dizaines	Unités	Dixièmes	Centièmes	Millièmes
			3	4	5	7	

4. Compare les nombres naturels, les fractions, les pourcentages et les nombres décimaux en utilisant les symboles <, > ou =.

a) $75\ \%$ ____ $0,75$ b) $0,6$ ____ $\dfrac{4}{5}$ c) $3\dfrac{3}{7}$ ____ $3,45$ d) $30\ \%$ ____ $0,24$

e) $\dfrac{8}{25}$ ____ $0,36$ f) $0,55$ ____ $\dfrac{11}{20}$ g) $68\ \%$ ____ $\dfrac{7}{12}$ h) $5,7$ ____ $5\dfrac{5}{8}$

Test

5. Transforme les nombres fractionnaires en nombres décimaux.

a) $78\dfrac{4}{5} =$ _____

b) $439\dfrac{3}{10} =$ _____

c) $8\dfrac{1}{4} =$ _____

d) $26\dfrac{5}{8} =$ _____

e) $5\dfrac{83}{250} =$ _____

f) $35\dfrac{9}{20} =$ _____

g) $91\dfrac{6}{125} =$ _____

h) $627\dfrac{39}{50} =$ _____

i) $74\dfrac{24}{25} =$ _____

6. Arrondis les nombres décimaux...

	À l'unité de mille près	À la centaine près	Au dixième près	Au centième près
a) 8876,542				
b) 5429,488				
c) 3570,067				
d) 2468,363				
e) 7532,836				

7. Complète les suites de nombres décimaux en respectant la règle.

a) Règle : + 0,7

84,53; 85,23; 85,93; 86,63; _____ ; _____ ; _____ ; _____

b) Règle : − 0,09

276,8; 276,71; 276,62; 276,53; _____ ; _____ ; _____ ; _____

c) Règle : + 0,35

37,942; 38,292; 38,642; 38,992; _____ ; _____ ; _____ ; _____

d) Règle : − 2,6

459,73; 457,13; 454,53; 451,93; _____ ; _____ ; _____ ; _____

e) Règle : + 8 ; − 0,5

177,6; 185,6; 185,1; 193,1; _____ ; _____ ; _____ ; _____

8. Trouve la valeur de position du ou des chiffres soulignés.

Exemple : 56,<u>3</u>25 :   0,32

a)   64<u>3</u>,97 : _____

b)   9218,6<u>8</u>7 : _____

c)   27<u>5</u>,446 : _____

d)   <u>5</u>84,531 : _____

e)   33,7<u>2</u>9 : _____

f)   816,7<u>5</u>3 : _____

g)   14<u>7</u>,275 : _____

h)   4691,8<u>3</u>4 : _____

i)   60<u>02</u>,376 : _____

Test

1. **Recompose les nombres décimaux.**

   a) $500 + \dfrac{6}{100} + 40 + \dfrac{8}{10} + 3$ = _____

   b) $\dfrac{9}{1000} + 2000 + 7 + \dfrac{5}{100} + 700$ = _____

   c) $40\,000 + \dfrac{39}{100} + \dfrac{6}{1000} + 8000 + 10$ = _____

   d) $600 + 80 + \dfrac{3}{1000} + \dfrac{2}{10} + 5000 + 9 + \dfrac{4}{100}$ = _____

   e) $\dfrac{740}{1000} + 65\,000 + 810 + 6$ = _____

   f) $3000 + 100 + \dfrac{4}{100} + 70\,000 + 80 + \dfrac{3}{10} + 5 + \dfrac{6}{1000}$ = _____

   g) $4 + 50 + 800 + \dfrac{2}{10} + \dfrac{9}{1000} + 5000 + \dfrac{1}{100}$ = _____

   h) $\dfrac{38}{10} + 7200 + \dfrac{64}{1000}$ = _____

2. **Place les nombres décimaux dans la bonne colonne du tableau.**

47,333	43,8	46,2	23,34	26,72	41,26
28,5	33,93	17,83	49,077	41,9	30,09
18,75	35,418	20,17	42,001	44,531	29,784
13,08	30,006	48,37	50,06	26,999	25,6

Plus petit que 27	Entre 27 et 42	Plus grand que 42

3. **Encercle le nombre duquel chaque nombre décimal s'approche le plus.**

   a) **79,384**   79,3 ou 79,4

   b) **4,096**   4,01 ou 4,1

   c) **534,439**   534 ou 534,4

   d) **65,378**   65 ou 65,5

   e) **8,706**   8,5 ou 9

   f) **934,2**   930 ou 940

   g) **10,151**   10,1 ou 10,2

   h) **36,75**   36,7 ou 36,8

Exercices

4. Place approximativement les nombres décimaux sur les droites numériques.

Exemple :
6,4

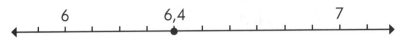

a) 13,78

b) 545,2

c) 8,653

d) 99,9

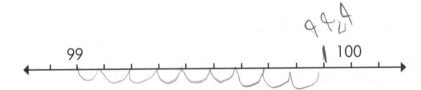

e) 27,34

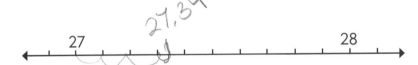

f) 4,005

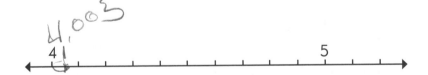

g) 360,08

Exercices

5. Pour chaque nombre décimal, s'il y a lieu, encercle le chiffre à la position des centaines, souligne le chiffre à la position des dixièmes et encadre le chiffre à la position des millièmes.

a) $89,624$ b) $738,55$ c) $42,136$

d) $105,23$ e) $99,999$ f) $357,3$

g) $56,81$ h) $834,67$ i) $0,058$

6. Calcule mentalement ce qui manque à chaque nombre décimal pour arriver au nombre entier qui vient immédiatement après.

a) $23,7 +$ _____ $= 24$ b) $49,36 +$ _____ $= 50$

c) $683,21 +$ _____ $= 684$ d) $7,777 +$ _____ $= 8$

e) $51,483 +$ _____ $= 52$ f) $829,67 +$ _____ $= 830$

g) $3,2 +$ _____ $= 4$ h) $10,545 +$ _____ $= 11$

7. Écris tous les nombres décimaux compris entre 78,11 et 78,42, mais seulement jusqu'à l'ordre des centièmes.

_____

_____

8. Transforme les pourcentages et les fractions en nombres décimaux.

a) $43 \% =$ _____   b) $\dfrac{50}{100} =$ _____   c) $76,4 \% =$ _____

d) $\dfrac{62}{100} =$ _____   e) $9 \% =$ _____   f) $\dfrac{377}{100} =$ _____

g) $8,7 \% =$ _____   h) $\dfrac{280}{100} =$ _____   i) $40 \% =$ _____

9. Écris tous les nombres décimaux compris entre 5,47 et 5,51, mais seulement jusqu'à l'ordre des millièmes.

_____

_____

Exercices

1. Décompose les nombres décimaux.

Exemple : $57,894 = 50 + 7 + 0,8 + 0,09 + 0,004$

a)   38,56 = _____

b)   592,07 = _____

c)   4,931 = _____

d)   8329,4 = _____

e) 725,363 = _____

f)   6,72 = _____

2. Place les nombres décimaux dans l'ordre croissant.

34,891	139,84	843,91	13,849	9413,8	384,91
439,81	14,893	143,89	9184,3	31,894	13,498
8914,3	918,43	384,19	139,48	34,189	8149,3
813,49	439,18	143,98	31,498	981,34	14,389

_____

_____

3. Transforme les nombres décimaux en nombres fractionnaires irréductibles.

a)   5,45 = _____   b)   23,6 = _____   c) 9,875 = _____

d) 84,08 = _____   e) 370,5 = _____   f)   71,15 = _____

g) 42,25 = _____   h)   6,04 = _____   i) 875,3 = _____

4. Arrondis les nombres décimaux...

	À la dizaine près	À l'unité près	Au dixième près	Au centième près
a) 4645,728				
b) 2906,453				
c) 7244,551				
d) 6592,877				
e) 3718,236				

Test

1. **Relie les nombres dans l'ordre croissant en commençant par l'étoile, et ce, afin de découvrir l'édification aperçue par Mélissa lors de son voyage aux Pays-Bas.**

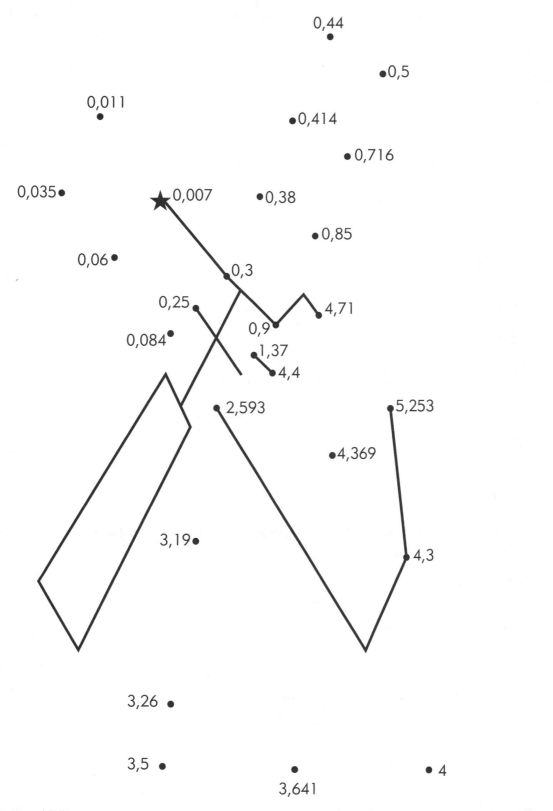

Réponse : Mélissa a aperçu un _____ lors de son voyage aux Pays-Bas.

Exercices

2. Ajoute à chaque nombre ce qui est demandé.

	5	$\frac{4}{10}$	$\frac{8}{100}$	$\frac{7}{1000}$
a) 67,39				
b) 238,645				
c) 94,423				
d) 3875,2				
e) 71,77				

3. Transforme les heures en nombres décimaux.

Exemple : 9 h 33 = $\quad 9 + \frac{33}{60} = \quad 9 + (33 \div 60) = \quad\quad 9 + 0,55 = \quad 9,55$

a) 15 h 03 = _____

b)   7 h 15 = _____

c) 21 h 48 = _____

d)   8 h 27 = _____

e)   6 h 39 = _____

f) 13 h 21 = _____

g) 11 h 57 = _____

h) 12 h 12 = _____

4. Place les nombres dans le bon ensemble. Transforme au besoin les nombres sous forme décimale.

$34,85 \quad \frac{3}{8} \quad 24\% \quad 29,6 \quad \frac{3}{4} \quad 724 \quad 3,634 \quad 9^3 \quad 57\% \quad 4,67 \quad 11,4 \quad 69\% \quad 2,13 \quad 4,53 \quad 4^4$

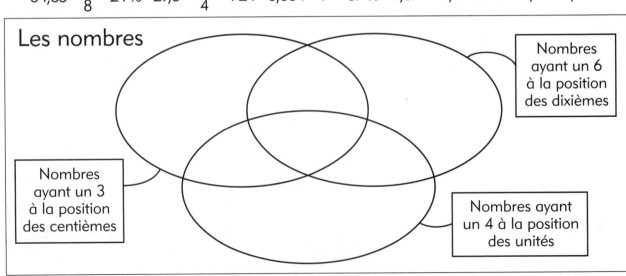

Les nombres

Nombres ayant un 6 à la position des dixièmes

Nombres ayant un 3 à la position des centièmes

Nombres ayant un 4 à la position des unités

Exercices

5. Complète les affirmations à partir du nombre 753 648.

a) Le 3 est à la position des _unité de mille_ et sa valeur est _1000_ .

b) Le 8 est à la position des _unité_ et sa valeur est _1_ .

c) Le 5 est à la position des _Dizaine de mille_ et sa valeur est _10 000_ .

d) Le 6 est à la position des _centain_ et sa valeur est _100_ .

e) Le 7 est à la position des _centaine de mille_ et sa valeur est _100000_ .

f) Le 4 est à la position des _dizain_ et sa valeur est _10_ .

6. Écris chaque expression sous forme de nombres décimaux.

a) trois cent quatre-vingt-treize et soixante-seize millièmes : _393,076_

b) six cent quarante-quatre et dix-huit centièmes : _644,18_

c) neuf mille deux cent cinquante et un et quatre dixièmes : _9250,4_

d) trente-sept mille vingt-deux et neuf cent sept millièmes : _37022,907_

e) huit cent trois mille six cent cinquante et cinq centièmes : _803650,5_

f) cent cinquante-deux mille dix-sept et deux millièmes : _152017,002_

7. Écris chaque nombre décimal en lettres.

a)   472,06 : _____

b)   84,391 : _____

c)   6367,8 : _____

d)   905,064 : _____

e) 26 451,17 : _____

f) 45 008,2 : _____

Exercices

1. **La température à la surface des planètes du système solaire dépend surtout de la distance qui les sépare du Soleil. Ainsi, la température moyenne sur Vénus est d'environ 460 °C et celle sur Jupiter tourne autour de – 206 °C. Quelles sont les températures moyennes sur les planètes Neptune et Mars si sur la première, la température est 700 °C plus froide que sur Vénus, et que sur la seconde, la température est 143 °C plus chaude que sur Jupiter ?**

   Démarche :

   Réponse : La température moyenne sur Neptune est de _____ °C, et celle sur
                   Mars est de _____ °C.

2. **Les mines de charbon sont composées d'installations souterraines qui peuvent descendre à bien des mètres (et parfois quelques kilomètres !) sous le sol. Si les mineurs travaillent à – 279 m dans le sol et qu'ils doivent monter le minerai au sommet d'un convoyeur situé 347 m plus haut, à quelle distance du sol se retrouve le sommet du convoyeur ?**

   Démarche :

   Réponse : Le sommet du convoyeur est situé à _____ m du sol.

3. **Une entreprise spécialisée dans l'importation de matériel informatique procède fréquemment à des dépôts et à des retraits dans un compte bancaire d'opérations courantes. Trouve le solde du compte bancaire de l'entreprise après les transactions suivantes : dépôt de 3654 $, retrait de 6832 $, dépôt de 4897 $, retrait de 5086 $, dépôt de 1203 $.**

   Démarche :

   Réponse : Le solde du compte bancaire de l'entreprise est de _____ $.

Test

1. Place les nombres entiers dans l'ordre croissant.

| 29 | –18 | 7 | –5 | –34 | 45 | 33 | –26 | 14 | 10 | –9 |

| 0 | 11 | –10 | 8 | –41 | –2 | 25 | –13 | –7 | 34 | –22 |

_____

_____

2. Complète les suites de nombres entiers.

a) 25, 18, 11, 4, –3, _____, _____, _____, _____, _____

b) –44, –41, –38, –35, –32, _____, _____, _____, _____, _____

c) –7, –2, –6, –1, –5, _____, _____, _____, _____, _____

d) 56, 50, 42, 36, 28, _____, _____, _____, _____, _____

e) –35, –29, –31, –25, –27 _____, _____, _____, _____, _____

f) 3, –7, –2, –12, –7, _____, _____, _____, _____, _____

3. Résous les équations, puis compare les réponses en utilisant les symboles <, > ou =.

a) $43 - 59 =$ _____ ◯ $52 - 64 =$ _____

b) $-25 + 18 =$ _____ ◯ $7 - 14 =$ _____

c) $33 - 16 =$ _____ ◯ $3 - 18 =$ _____

d) $24 - 55 =$ _____ ◯ $47 - 78 =$ _____

e) $76 - 80 =$ _____ ◯ $-26 + 30 =$ _____

f) $7 + 9 - 28 =$ _____ ◯ $5 - 1 - 19 =$ _____

g) $0 - 43 + 15 =$ _____ ◯ $7 - 62 + 13 =$ _____

h) $10 - 100 + 84 =$ _____ ◯ $6 - 29 + 17 =$ _____

Exercices

4. Illustre chaque équation sur la droite numérique afin de trouver la réponse.

Exemple : 7 − 12 + 3 = −2

a) 10 − 16 + 7 = _____

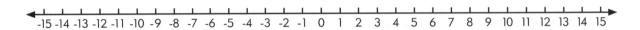

b) 3 − 11 + 6 = _____

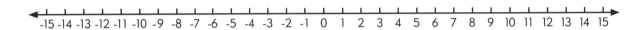

c) −13 + 9 − 5 = _____

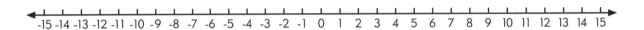

d) −4 + 16 − 2 = _____

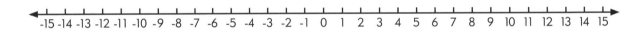

e) 0 − 12 + 7 = _____

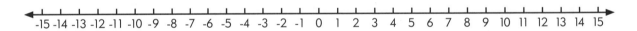

f) 2 + 6 − 15 = _____

g) −6 + 14 − 8 = _____

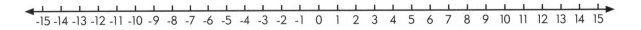

h) 1 + 8 − 20 = _____

Exercices

1. **Un plongeur en apnée a gradué une corde qui part d'un tremplin et qui descend jusqu'au fond d'un lac. Les nombres positifs marquent la partie de la corde qui émerge de l'eau, le zéro marque la surface du lac et les nombres négatifs marquent la partie de la corde qui est immergée. Si le tremplin mesure 155 dm et que le plongeur a effectué un plongeon de 634 dm, à quelle position sur la corde s'est-il rendu?**

   Démarche :

   Réponse : Le plongeur s'est rendu à la position _____ dm sur la corde.

2. **Pour dater les événements qui se sont produits avant notre ère, les historiens utilisent des nombres négatifs ou des nombres accompagnés de l'abréviation *av. J.-C.* (« Avant Jésus-Christ »). Quant à ceux qui se sont produits pendant notre ère, ils utilisent des nombres positifs ou des nombres accompagnés de l'abréviation *apr. J.-C.* (« Après Jésus-Christ »). L'année zéro correspond à l'année supposée de la naissance de Jésus. Si Christophe Colomb a découvert l'Amérique en 1492 et que le pharaon égyptien est mort en –1213, combien d'années séparent ces deux événements?**

   Démarche :

   Réponse : _____ années séparent ces deux événements.

3. **H. G. Wells est un écrivain britannique célèbre pour ses œuvres de science-fiction comme *La Guerre des mondes* et *L'Homme invisible*. Dans son roman intitulé *La Machine à explorer le temps*, écrit en 1895, le personnage principal invente une machine qui lui permet de visiter différentes époques. Si comme le personnage tu pouvais voyager 3148 ans en arrière pour être témoin de la construction du monument de Stonehenge en Angleterre, et que ton départ s'effectuait à partir d'un premier périple en 1353, en quelle année parviendrais-tu à destination?**

   Démarche :

   Réponse : Je parviendrais à destination en l'an _____ .

Test

1. **Observe le jeu de serpents et échelles, puis déplace ton pion à partir de la case –49, et ce, en respectant les consignes et en indiquant chaque fois à quelle case tu es rendu(e).**

41	42	43	44	45	46	47	48	49	50
40	39	38	37	36	35	34	33	32	31
21	22	23	24	25	26	27	28	29	30
20	19	18	17	16	15	14	13	12	11
1	2	3	4	5	6	7	8	9	10
0	–1	–2	–3	–4	–5	–6	–7	–8	–9
–19	–18	–17	–16	–15	–14	–13	–12	–11	–10
–20	–21	–22	–23	–24	–25	–26	–27	–28	–29
–39	–38	–37	–36	–35	–34	–33	–32	–31	–30
–40	–41	–42	–43	–44	–45	–46	–47	–48	–49

a) Tu brasses les 2 dés et tu obtiens 8.   Case : _____

b) Tu brasses les 2 dés et tu obtiens 7.   Case : _____

c) Tu brasses les 2 dés et tu obtiens 10.   Case : _____

d) Tu brasses les 2 dés et tu obtiens 2.   Case : _____

e) Tu brasses les 2 dés et tu obtiens 6.   Case : _____

f) Tu brasses les 2 dés et tu obtiens 4.   Case : _____

g) Tu brasses les 2 dés et tu obtiens 5.   Case : _____

h) Tu brasses les 2 dés et tu obtiens 6.   Case : _____

Exercices

1. **Le Canada est un important producteur de plantes céréalières, dont le blé, l'avoine, le maïs et le seigle. Chaque année, nous exportons 252 000 tonnes de seigle vers le Japon et les États-Unis, 148 500 tonnes sont utilisées pour nourrir les troupeaux de bétail, 49 500 tonnes servent à produire du malt, 25 750 tonnes entrent dans la composition de produits de boulangerie et 24 250 tonnes sont employées comme graines de semailles. Combien de tonnes de seigle le Canada produit-il annuellement?**

   Démarche :

   Réponse : Le Canada produit _____ tonnes de seigle annuellement.

2. **Le Grand-Duché de Luxembourg est un pays d'Europe de l'Ouest qui compte environ 460 000 habitants. Ce tout petit État s'étend sur 82 km du nord au sud et sur 57 km d'est en ouest. Les langues officielles sont le luxembourgeois (349 600 personnes), le français (18 400 personnes) et l'allemand (13 800 personnes). Combien de personnes ne parlent aucune des langues officielles au Luxembourg?**

   Démarche :

   Réponse : _____ personnes ne parlent aucune des langues officielles au Luxembourg.

3. **Les colibris, surnommés *oiseaux-mouches* à cause de leur taille minuscule, se nourrissent du nectar d'un millier de fleurs chaque jour. En Amérique du Nord, on retrouve 21 espèces de colibris, dont 4 au Canada. Aussi, le colibri peut battre des ailes 75 fois en une seconde. Combien de battements d'ailes un colibri peut-il effectuer en 5 minutes?**

   Démarche :

   Réponse : Le colibri peut faire _____ battements d'ailes en 5 minutes.

4. **La vitesse de la lumière est d'environ 300 000 kilomètres par seconde (km/s); celle de la navette spatiale américaine est d'environ 8 km/s. Combien de fois la lumière est-elle plus rapide que la navette spatiale?**

   Démarche :

   Réponse : La lumière est _____ fois plus rapide que la navette spatiale.

Test

5. **Dans le bassin principal d'une pisciculture, on compte 5^4 truites arc-en-ciel, 7^3 touladis et 3^6 ombles de fontaine. Combien de poissons compte-t-on dans le bassin principal de la pisciculture ?**

   Démarche :

   Réponse : On compte _____ poissons dans le bassin principal de la pisciculture.

6. **Les ancêtres de Louis sont arrivés en Nouvelle-France vers l'an 1673 pour fonder une famille. En moyenne, une nouvelle génération s'est ajoutée à la descendance de Louis tous les 22 ans. Si Louis est né en 1981, combien de générations se sont succédé depuis l'arrivée de ses ancêtres ?**

   Démarche :

   Réponse : _____ générations se sont succédé depuis l'arrivée des ancêtres de Louis.

7. **Margaret vient d'acquérir une encyclopédie composée de 26 tomes, soit un tome pour chaque lettre de l'alphabet. Les tomes associés aux voyelles comptent 258 pages et ceux associés aux consonnes comptent chacun 39 pages de plus. Combien de pages compte l'encyclopédie de Margaret en tout ?**

   Démarche :

   Réponse : L'encyclopédie de Margaret compte _____ pages en tout.

8. **Normalement, même si nous perdons nos cheveux, notre chevelure se renouvelle. Toutefois, Hector vient d'apprendre qu'il est atteint de calvitie, c'est-à-dire que les cheveux qu'il perd ne sont pas renouvelés. La chevelure d'un adulte compte environ 150 000 cheveux, et en moyenne nous perdons 75 cheveux chaque jour. Combien de cheveux garnissent toujours le crâne de Hector 18 semaines après le diagnostic ?**

   Démarche :

   Réponse : _____ cheveux garnissent toujours le crâne de Hector 18 semaines après le diagnostic.

Test

1. Additionne et soustrais en laissant des traces de tes calculs.

a)   52 357
     + 48 914

b)   70 900
     − 26 639

c)   33 599
     + 35 218

d)   48 064
     − 26 257

e)   385 009
     + 199 578

f)   814 237
     − 427 663

g)   556 725
     + 98 339

h)   749 100
     − 83 634

i)   268 316
     + 679 735

j)   600 000
     − 542 784

k)   445 566
     + 388 277

l)   811 973
     − 355 188

2. Multiplie et divise en laissant des traces de tes calculs.

a)   8948 ⌊4

b)   2639
    x   8

c)   6705 ⌊9

d)   5754
    x   7

e)   6164 ⌊23

f)   387
    x   25

g)   4712 ⌊38

h)   609
    x   84

i)   7524 ⌊57

j)   837
    x   47

k)   7296 ⌊16

l)   555
    x   33

Exercices

3. Résous les équations en respectant les parenthèses.

Exemple : $(64 + 38) \div (48 \div 8) =$ $102 \div 6 =$ 17

a) $(94 - 57) \times (45 \div 5)$ = _____

b) $(8 \times 4) + (5 \times 6)$ = _____

c) $(447 \div 3) - (385 \div 7)$ = _____

d) $(184 + 599) \div (9 \times 3)$ = _____

e) $(423 \div 9) + (12 \times 6) - 38 =$ _____

4. Résous les équations en tenant compte de la priorité des opérations.

Exemple : $7 + 8 \times 5 - 9 =$ $7 + (8 \times 5) - 9 =$ $7 + 40 - 9 =$ 38

a) $72 \div 3 - 4 \times 5$ = _____

b) $37 + 56 \div 7 - 6$ = _____

c) $25 \times 9 \div 3 + 4 \times 7 - 8 =$ _____

d) $39 + 49 \div 7 + 7 \times 4$ = _____

e) $112 - 76 + 13 - 6 \times 6$ = _____

5. Résous les équations en appliquant la distributivité.

Exemple : $5 \times (4 + 7) =$ $(5 \times 4) + (5 \times 7) =$ $20 + 35 =$ 55

a) $6 \times (9 - 4)$ = _____

b) $9 \times (3 + 8)$ = _____

c) $8 \times (34 - 19)$ = _____

d) $3 \times (44 + 37)$ = _____

e) $5 \times (8 + 5 - 3)$ = _____

Exercices

6. Décompose les nombres en arbres de facteurs, puis donne ta réponse sous forme exponentielle.

a)

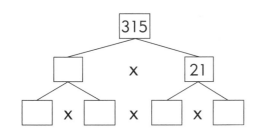

Réponse : _____

b)

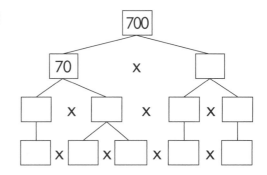

Réponse : _____

c)

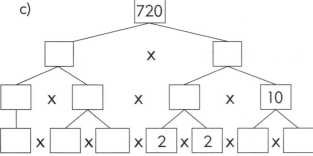

Réponse : _____

d)

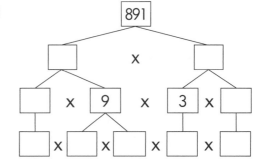

Réponse : _____

e)

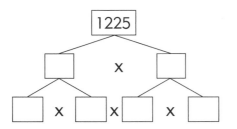

Réponse : _____

f)

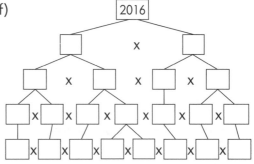

Réponse : _____

g)

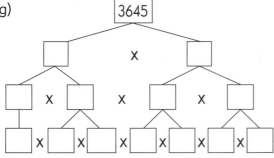

Réponse : _____

h)

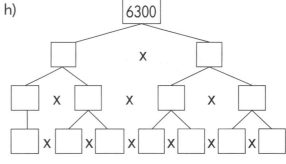

Réponse : _____

Exercices

7. Résous chaque équation en laissant des traces de tes calculs.

a) $7^3 + 5^4 =$

b) $6^4 - 3^5 =$

c) $1^3 \times 9^2 \times 2^4 =$

d) $2^8 \div 4^2 =$

e) $10^2 + 6^3 - 3^4 =$

f) $2^4 \times (5^3 + 7^2) =$

g) $(4^4 \times 6^2) - (3^3 \times 15^1) =$

h) $(8^2 + 4^3) \div 2^5 =$

i) $(3^2 \times 2^4 \times 7^2) + (6^1 \times 5^2 \times 3^4) =$

j) $24^3 \div 2^8 \times 5^4 =$

k) $(32^2 \div 4^3) \times (10^3 - 9^3) =$

l) $5^3 \times (8^2 - 3^3) =$

Exercices

1. **Chaque jour à la gare, 1675 voyageurs montent à bord des 25 wagons du train de banlieue. Combien de passagers chaque wagon du train de banlieue peut-il accueillir ?**

Démarche :

Réponse : Chaque wagon du train de banlieue peut accueillir _____ passagers.

2. **Chez un concessionnaire de voitures neuves, le prix de vente d'une fourgonnette à sièges rabattables s'élève à 49 600 $. Chez le concessionnaire de voitures d'occasion, le même véhicule fabriqué l'année précédente et affichant 25 000 km au compteur coûte 7446 $ de moins. Quel est le prix de la fourgonnette d'occasion ?**

Démarche :

Réponse : Le prix de la fourgonnette d'occasion est de _____ $.

3. **La dentition chez l'humain adulte comprend normalement 32 dents, dont 8 incisives, 4 canines et 20 molaires. Chaque mois, le dentiste du quartier reçoit 228 patients. Combien de dents le dentiste doit-il inspecter dans une année ?**

Démarche :

Réponse : Le dentiste doit inspecter _____ dents dans une année.

4. **La population de cerfs de Virginie sur l'île d'Anticosti dans le golfe du Saint-Laurent s'élève à environ 164 372 individus. Sur le reste du territoire du Québec, on recense environ 383 534 bêtes. Combien de cerfs compte-t-on à la grandeur de la province ?**

Démarche :

Réponse : On compte environ _____ cerfs à la grandeur du Québec.

Test

5. Chaque semaine, le facteur distribue environ 379 lettres et 45 colis sur son parcours. Combien d'items de courrier le facteur distribue-t-il sur une période de 5 ans?

Démarche :

Réponse : Le facteur distribue _____ items de courrier sur une période de 5 ans.

6. La planète Mercure met 88 jours pour accomplir sa trajectoire autour du Soleil. La planète Neptune prend 684 fois plus de temps pour accomplir la sienne, et on doit y ajouter 33 jours de plus pour arriver au compte final. En combien de temps la planète Neptune accomplit-elle sa trajectoire autour du Soleil?

Démarche :

Réponse : La planète Neptune accomplit sa trajectoire autour du Soleil en _____ jours.

7. Les lièvres d'Amérique se multiplient à un rythme effarant. En effet, la femelle, communément appelée la *hase*, peut donner naissance à 4 levrauts (pour les besoins de la cause, 2 mâles et 2 femelles), et ce, 3 fois par année à intervalles réguliers (mars, juillet et novembre). Dès qu'elle a atteint l'âge de 6 mois, la hase peut s'accoupler, mais seulement au printemps. Si on implante en janvier un couple mature de lièvres d'Amérique dans une zone clôturée et à l'abri des prédateurs, combien de lièvres pourrait-on compter après 2 ans?

Démarche :

Réponse : On pourrait compter _____ lièvres après 2 ans.

8. Les tours jumelles Petronas en Malaisie mesurent chacune 452 mètres et comptent 88 étages. Une passerelle relie les deux tours à 170 mètres du sol. Pour sa part, le mont Fuji-Yama s'élève à plus de 3776 mètres d'altitude. En raboutant les tours Petronas, combien de mètres manquerait-il pour atteindre le sommet du mont Fuji-Yama?

Démarche :

Réponse : Il leur maquerait _____ mètres pour atteindre la hauteur du mont Fuji-Yama.

1. Compare les réponses des équations à l'aide des symboles <, > ou =.

a) $6^2 + 3^5$ _____ $5^3 - 7^2$ b) $400 - 3^4$ _____ $300 + 2^5$

c) $8^3 \div 16$ _____ $4^5 \div 2$ d) $5 \times 7 \times 3$ _____ 10^2

e) $27 + 34 + 18$ _____ 9×9 f) $7 \times (8 - 4)$ _____ $336 \div 12$

g) $6400 \div 100$ _____ 7×3^2 h) $62 - 25$ _____ $2^4 + 21$

2. Additionne et soustrais en laissant des traces de tes calculs.

a) $15\ 869 + 24\ 736 + 6588 =$ b) $300\ 000 - 79\ 342 + 3775 =$

c) $48\ 063 + 186\ 679 - 95\ 728 =$ d) $484\ 932 - 36\ 789 - 155\ 033 =$

e) $3364 + 5^4 + 7^3 =$ f) $8^5 - 24\ 978 + 9^3 =$

3. Complète le tableau ci-dessous.

	+ 539	− 485	x 6	X 49	÷ 3
744					
828					
540					
672					
951					

Exercices

4. Multiplie et divise en laissant des traces de tes calculs.

a) $4572 \lfloor 9$ b) $3096 \lfloor 72$ c) 645 d) $4760 \lfloor 56$
                                                                  $\times\ 68$

e) 704 f) $53\ 907 \lfloor 3$ g) 980 h) $5152 \lfloor 23$
           $\times\ 53$ $\times\ 77$

5. Résous chaque équation en la décomposant. Tu peux utiliser l'espace mis à ta disposition pour faire tes calculs.

Exemple : $5^3 - 3^3 =$ $(5 \times 5 \times 5) - (3 \times 3 \times 3) =$ $125 - 27 =$ 98

a) $6^4 \div 3^2 =$ _____

b) $4^5 + 2^6 =$ _____

c) $8^3 \div 2^5 =$ _____

d) $3^5 \times 6^2 =$ _____

e) $10^3 \div 5^2 =$ _____

f) $9^2 \times 4^3 =$ _____

g) $4^4 \div 2^3 =$ _____

h) $3^4 \times 7^2 =$ _____

i) $7^4 - 5^4 =$ _____

Calculs

Exercices

6. **Résous chaque équation le plus rapidement possible, et ce, une colonne à la fois. Demande à un copain ou à un adulte de te chronométrer, et inscris ton temps.**

Colonne 1	Colonne 2	Colonne 3
a) 8 x 100 = _____	a) 63 x 100 = _____	a) 93 x 1000 = _____
b) 34 x 10 = _____	b) 7 x 1000 = _____	b) 34 x 100 = _____
c) 76 x 100 = _____	c) 549 x 10 = _____	c) 29 x 10 = _____
d) 429 x 10 = _____	d) 252 x 1000 = _____	d) 480 x 100 = _____
e) 517 x 100 = _____	e) 70 x 100 = _____	e) 37 x 1000 = _____
f) 6 x 1000 = _____	f) 55 x 1000 = _____	f) 65 x 100 = _____
g) 293 x 10 = _____	g) 300 x 100 = _____	g) 90 x 100 = _____
h) 82 x 10 = _____	h) 460 x 100 = _____	h) 730 x 10 = _____
i) 5100 x 10 = _____	i) 364 x 10 = _____	i) 88 x 100 = _____
j) 785 x 100 = _____	j) 11 x 1000 = _____	j) 3070 x 10 = _____
Temps : _____	Temps : _____	Temps : _____

7. **Résous chaque équation en laissant des traces de tes calculs.**

a) 37 x 8 x 45 = _____   b) 63 540 ÷ 30 ÷ 6 = _____   c) 64 x 39 x 6 = _____

d) 3682 ÷ 7 ÷ 2 = _____   e) 458 x 22 x 9 = _____   f) 5856 ÷ 24 ÷ 4 = _____

Exercices

8. Trouve les termes manquants.

a)
```
   54☐ ☐28
+    276 447
   8☐5 775
```

b)
```
   806 49☐
−  3☐2 178
   414 ☐21
```

c)
```
    ☐86
×    35
  17 010
```

d)
```
   8892
÷   2☐
    342
```

e)
```
   924 879
+  5☐ 5☐6
   983 40☐
```

f)
```
   35☐ 645
−  189 9☐9
   1☐1 646
```

g)
```
    7☐3
×    76
  60 268
```

h)
```
   53☐9
÷    33
   ☐63
```

i)
```
   405 ☐7☐
+  ☐73 859
   878 9☐9
```

j)
```
   748 ☐36
−  297 54☐
   45☐ 494
```

k)
```
      356
×      6☐
  2☐ 360
```

l)
```
   ☐☐16
÷   78
   122
```

9. Relie par un trait chaque équation à sa réponse.

a) $\sqrt{64} \times 55$ •   • 48

b) $9^2 - 28$ •   • 320

c) $336 \div \sqrt{49}$ •   • 195

d) $3^4 + (6 \times 7)$ •   • 440

e) $\sqrt{25} \times 4^3$ •   • 32

f) $2500 \div 10^2 + 73$ •   • 123

g) $(\sqrt{36} \times 2^4) \div 3^1$ •   • 53

h) $\sqrt{100} \div 2 \times 39$ •   • 98

Exercices

1. **Deux copains veulent se rendre de Montréal, au Québec, à Chicago, dans l'Illinois, et ce, à vélo. Si le trajet est de 1364,857 km et qu'ils peuvent parcourir environ 79 km par jour, combien de jours les cyclistes prendront-ils pour parvenir à destination ? Arrondis ta réponse au dixième près.**

    Démarche :

    Réponse : Les cyclistes prendront _____ jours pour parvenir à destination.

2. **Si nous pouvions voyager d'une planète à l'autre, nous remarquerions que notre poids varie en fonction de la gravité. En guise d'exemple, sur la Lune, notre masse est 6 fois moins élevée, et sur Jupiter, elle est environ 2,4 fois plus élevée. Sur Terre, Julien et Laura pèsent respectivement 71,64 kg et 56,3 kg. Quel serait leur poids sur la Lune et sur Jupiter ?**

    Démarche :

    Réponse : Le poids de Julien serait de _____ kg sur la Lune et _____ kg sur Jupiter.

    Le poids de Laura serait de _____ kg sur la Lune et _____ kg sur Jupiter.

3. **La Grande Muraille de Chine consiste en une série de fortifications dont la construction a débuté au 5ᵉ siècle av. J.-C. pour se terminer au 16ᵉ siècle de notre ère. Elle mesure environ 6362,75 km de long. Pour sa part, la Grande Barrière de Corail, un ensemble naturel composé de récifs coralliens, s'étend sur plus de 2936,98 km au large de l'Australie. Combien de kilomètres faudrait-il ajouter à la Grande Barrière de Corail pour qu'elle soit aussi longue que la Grande Muraille de Chine ?**

    Démarche :

    Réponse : Il faudrait ajouter _____ km à la Grande Barrière de Corail.

Test

4. Jim est un cavalier hors pair et il souhaite participer à des compétitions équestres. Observe les pièces d'équipement ci-dessous, puis réponds aux questions.

Monture	Selle	Bombe	Jodhpur	Bottes	Mors
6500,00 $	688,79 $	159,95 $	94,38 $	227,44 $	35,77 $

Bridon	Gants	Cravache	Rênes	Étriers
163,26 $	26,88 $	18,69 $	126,99 $	61,55 $

a) Combien en coûtera-t-il à Grégoire pour s'équiper ?

Démarche :

Réponse : Il lui en coûtera _____ $ pour s'équiper.

b) Même s'ils sont conçus pour être robustes, les gants de cavalier s'usent rapidement, et Grégoire devra les renouveler au moins 1 fois tous les 3 mois. Combien les gants lui auront-ils coûté après 2 ans ?

Démarche :

Réponse : Les gants lui auront coûté _____ $ après 2 ans.

Test

1. Additionne les nombres décimaux.

a) 847,36
   + 62,55

b) 390,48
   + 72,827

c)   25,6
   + 1534,993

d) 479,34
    34,7
   + 8,056

e)   4,573
    66,92
   + 483,797

f)   745,3
   + 52,81

2. Soustrais les nombres décimaux.

a) 3375,201
  – 219,68

b) 706,5
  – 73,63

c) 970,783
  – 888,26

d) 847,45
  – 23,739

e) 598,7
  – 65,224

f) 49,003
  – 15,1

3. Multiplie les nombres décimaux.

a) 73,6 *41 952*
   × 5,7

5152
3680
41952

b) 6,09 *21,315*
   × 3,5

c) 10,86
   × 9,3

d) 46,39
   × 8,2

e) 205,7
   × 7,6

f) 536,5
   × 7,38

4. Divise les nombres décimaux.

a) 158,8 ⌊4
   39,7

b) 584,29 ⌊7
   83,47

c) 217,275 ⌊3

d) 2096,004 ⌊6

e) 7956,56 ⌊8

f) 3053,45 ⌊5

Exercices

5. **Résous chaque équation le plus rapidement possible, et ce, une colonne à la fois. Demande à un copain ou à un adulte de te chronométrer, et inscris ton temps.**

Colonne 1	Colonne 2	Colonne 3
a) $78,85 \div 10 = 7,885$	a) $3,643 \times 100 = 0,03643$	a) $93,7 \div 100 = 0,937$
b) $246,4 \times 100 = 2,464$	b) $554,7 \div 100 = 5,547$	b) $2,692 \times 100 = 0,02692$
c) $83 \div 100 = ,83$	c) $726,49 \div 10 = 72,649$	c) $68 \div 10 = 6,8$
d) $9,453 \times 1000 = 0,009453$	d) $4,5 \times 100 = 0,045$	d) $87,2 \div 100 = 0,872$
e) $681,4 \div 10 = 68,14$	e) $39,44 \times 10 = 3,944$	e) $645 \div 1000 = 0,645$
f) $36,729 \times 100 = 0,36729$	f) $26 \div 1000 = 0,026$	f) $3,07 \times 100 = 0,0307$
g) $255 \div 1000 = 0,255$	g) $1,009 \times 100 = 0,01009$	g) $75,74 \times 1000 = 0,07574$
h) $43,27 \times 10 = 4,327$	h) $62,04 \div 10 = 6,204$	h) $41,3 \times 10 = 4,13$
i) $59,1 \times 1000 = 0,0591$	i) $0,07 \times 1000 = 0,00007$	i) $328 \div 100 = 3,28$
j) $82,8 \div 10 = 8,25$	j) $485 \div 1000 = 0,485$	j) $69,37 \div 10 = 6,937$
Temps : _____	Temps : _____	Temps : _____

$0,07 \times 1000 = 70$

6. **Résous chaque équation en laissant des traces de tes calculs.**

a) $(235,69 + 64,7) \div 3 =$ _____   b) $5 \times (708,25 - 144,582) =$ _____

c) $(8 \times 476,3) - 691,718 =$ _____   d) $(1780,73 \div 7) + 299,06 =$ _____

7. Complète le tableau ci-dessous.

	+ 69,73	− 46,4	x 8	x 3,7	÷ 2
237,9					
504,68					
383					
852,07					
99,4					
100,55					
478,3					
63,29					

À partir des résultats obtenus, dresse la liste des nombres qui ont…

a) un 4 à la position des dixièmes :

_____

b) un 3 à la position des centièmes :

_____

c) un 5 à la position des millièmes :

_____

d) un 8 à la position des unités :

_____

e) un 7 à la position des dizaines :

_____

f) un 2 à la position des centaines :

_____

1. **Karine s'est inscrite à la période d'entraînement du club de hockey féminin junior de sa région. Observe les pièces d'équipement ci-dessous, puis réponds aux questions.**

Bâton	Casque	Épaulettes	Pantalon	Patins
24,47 $	68,39 $	73,95 $	84,69 $	137,26 $

Gants	Jambières	Coudes	Sac	Chandail
41,73 $	125,99 $	30,59 $	92,17 $	75,77 $

a) Combien en coûtera-t-il à Karine pour s'équiper?

Démarche :

Réponse : Il lui en coûtera _____ $ pour s'équiper.

b) Qu'est-ce qui est le plus dispendieux : 5 chandails ou 13 bâtons de hockey? Quelle est la différence de prix entre ces deux ensembles d'équipement?

Démarche :

Réponse : Les _____ sont plus dispendieux que les _____.

La différence de prix entre ces deux ensembles est de _____ $.

Test

2. Au bureau de change, des agents convertissent les devises étrangères en dollars canadiens et vice-versa. Actuellement, un yen japonais (¥) vaut **0,009 $ CAN**, un euro (€) vaut **1,43 $ CAN**, une livre sterling de Grande-Bretagne (£) vaut **2,11 $** et un baht thaïlandais (฿) vaut **0,03 $ CAN**. À partir de ces informations, convertis les montants des devises étrangères en dollars canadiens, et ce, en laissant des traces de tes calculs. Arrondis tes réponses au centième près.

a)　　　24 ¥ = _____ $ CAN	b)　　　57 € = _____ $ CAN
c)　　　18 £ = _____ $ CAN	d)　　　35 ฿ = _____ $ CAN
e)　　462,5 ¥ = _____ $ CAN	f)　　27,3 € = _____ $ CAN
g)　　9,7 £ = _____ $ CAN	h)　　100,4 ฿ = _____ $ CAN

3. Le nœud est une unité de mesure servant à mesurer la vitesse des navires et des avions. Il équivaut à environ **1,852 km/h**. Si un voilier se déplace à **32,6 nœuds**, quelle est sa vitesse en km/h ? Arrondis ta réponse au millième près.

Démarche :

Réponse : Le voilier se déplace à une vitesse de _____ km/h.

Test

1. Additionne et soustrais les nombres décimaux, les fractions et les pourcentages.

a) 358,9
  + 26 %
	b) 76,34
	  − 8 %
		c) 54,75
		  $-\dfrac{3}{5}$
			d) 4,682
			  $+\dfrac{22}{25}$
				e) 69,05
				  $-\dfrac{17}{20}$

f) 734,289
  + 43 %
	g) 962,77
	  + 84 %
		h) 10,002
		  $-\dfrac{37}{125}$
			i) 237,92
			  − 3 %
				j) 41,693
				  $+\dfrac{19}{50}$

2. Trouve les termes manquants.

a)
$$55\square,39$$
$$+\ 64,5\square$$
$$\overline{6\square6,97}$$

b)
$$379,526$$
$$-\ \square6,3\square$$
$$\overline{29\square,136}$$

c)
$$8,65$$
$$\times\ \ \ \ \square$$
$$\overline{7\square,85}$$

d)
$$2\square4,54$$
$$\div\ \ \ \ \ \ 3$$
$$\overline{88,1\square}$$

e)
$$69,7\square$$
$$+\ 236,\square2$$
$$\overline{3\square6,11}$$

f)
$$700$$
$$-\ \square4,23$$
$$\overline{665,\square7}$$

g)
$$9,5\square2$$
$$\times\ \ \ \ \ 47$$
$$\overline{4\square9,8\square4}$$

h)
$$817,5$$
$$\div\ \ \square5$$
$$\overline{32,\square}$$

i)
$$3\square,82$$
$$459,\square$$
$$+\ \ 7,94\square$$
$$\overline{\square04,263}$$

Exercices

3. Complète le tableau ci-dessous.

	+ 4/100	+ 67/1000	− 9/10	× 6^2	÷ $\sqrt{16}$
504,08					
293,656					
89,3					
77,72					
638,9					
3000					
56,384					
912,552					

4. Trouve les termes manquants.

a) 39,76 × ☐ = 238,56

b) 59,634 + ☐ = 68,224

c) 87,45 ÷ ☐ = 29,15

d) 734,28 − ☐ = 640,953

e) 26,4 × ☐ = 1153,68

f) 349,5 + ☐ = 353,179

g) 642,56 ÷ ☐ = 80,32

h) 506,8 − ☐ = 448,37

i) 8,25 × ☐ = 36,3

5. Résous les problèmes en laissant des traces de tes calculs.

a) Au Brésil, il fait 23,5 °C. Au Danemark, il fait 4 fois moins chaud qu'au Brésil. Quelle est la température au Danemark ? Arrondis ta réponse au dixième près.

Démarche :	Solution :

b) Une voiture roule à une vitesse de 95,7 km/h. Un avion vole à une vitesse qui équivaut à 6 fois celle d'une voiture. À quelle vitesse vole l'avion ?

Démarche :	Solution :

c) Dans son porte-monnaie, Josiane a 284,68 $. Son frère Jacob a 127,39 $ de moins dans le sien. Combien d'argent Jacob a-t-il dans son porte-monnaie ?

Démarche :	Solution :

d) Mélanie a un poids d'environ 44,54 kg. Son amie Alexandra pèse 8,6 kg de plus. Quel poids affiche le pèse-personne si Mélanie et Alexandra y montent ensemble ?

Démarche :	Solution :

e) Un écrivain écrit environ 3,5 pages par jour. Combien de jours prendra-t-il pour écrire un roman comportant 266 pages ?

Démarche :	Solution :

1. **Une usine de textile spécialisée dans la fabrication du denim approvisionne des manufactures qui transforment le tissu en objets et en accessoires usuels : $\frac{5}{12}$ vont à la confection de vêtements tels que des jeans et des blousons, $\frac{1}{6}$ va à la confection de tentes et de housses, $\frac{7}{24}$ sont dirigés vers l'industrie de l'automobile, notamment pour la fabrication des banquettes, et le reste est réservé à la confection de sacs à main et de bandeaux. Quelle fraction irréductible de la production de denim est réservée pour la confection de cette dernière catégorie d'articles ?**

Démarche :

Réponse : _____ de la production est réservé pour
              la confection de sacs à main et de bandeaux.

2. **Au cours d'un hiver particulièrement rigoureux, 4 alpinistes ont tenté l'ascension du mont Kilimandjaro en Tanzanie, mais sans succès. Le Néerlandais a grimpé à 3 reprises l'équivalent des $\frac{2}{7}$ de la montagne. Pour sa part, l'Australien a grimpé 7 fois l'équivalent du $\frac{1}{8}$ du versant est. Aussi, le Suisse a grimpé 2 fois l'équivalent du $\frac{1}{3}$ du versant ouest. Enfin, l'Autrichien a grimpé 4 fois l'équivalent des $\frac{2}{9}$ de la pente. Quel alpiniste s'est rendu le plus loin et quelle fraction de l'ascension a-t-il effectuée ?**

Démarche :

Réponse : L'/Le _____ s'est rendu le plus loin dans l'ascension du mont Kilimandjaro,
        soit les _____.

3. **Au festival du pouding-chômeur qui se tenait du mercredi au vendredi, les organisateurs ont préparé un gâteau énorme et fracassé le dernier record Guinness. La première journée, les festivaliers ont mangé l'équivalent des $\frac{2}{9}$ du gâteau. La deuxième journée, ils en ont englouti les $\frac{10}{27}$. La troisième journée, ils en ont engouffré le $\frac{1}{3}$. Quelle fraction de l'immense pouding-chômeur n'a pas été mangée ?**

Démarche :

Réponse : La fraction du pouding-chômeur qui n'a pas été mangée est _____.

Test

1. **Additionne et soustrais les fractions, puis réduis la réponse à sa plus simple expression.**

Exemple : $\dfrac{1}{3} + \dfrac{1}{6} = \dfrac{(2 \times 1)}{(2 \times 3)} + \dfrac{1}{6} = \dfrac{2+1}{6} = \dfrac{3}{6}$ ou $\dfrac{1}{2}$

a) $\dfrac{3}{5} - \dfrac{3}{20}$

Rép. : _____

b) $\dfrac{3}{8} + \dfrac{1}{2}$

Rép. : _____

c) $\dfrac{5}{6} - \dfrac{1}{3}$

Rép. : _____

d) $\dfrac{2}{5} + \dfrac{3}{10}$

Rép. : _____

e) $\dfrac{9}{16} - \dfrac{1}{4}$

Rép. : _____

f) $\dfrac{7}{12} + \dfrac{1}{6}$

Rép. : _____

g) $\dfrac{8}{9} - \dfrac{1}{3}$

Rép. : _____

h) $\dfrac{4}{7} + \dfrac{3}{14}$

Rép. : _____

i) $\dfrac{7}{8} - \dfrac{11}{24}$

Rép. : _____

j) $\dfrac{2}{3} + \dfrac{2}{12}$

Rép. : _____

k) $\dfrac{9}{10} - \dfrac{7}{30}$

Rép. : _____

l) $\dfrac{5}{12} + \dfrac{1}{4}$

Rép. : _____

Exercices

2. Multiplie les nombres naturels et les fractions et, s'il y a lieu, transforme le produit en nombre fractionnaire ou en fraction irréductible.

a) $3 \times \frac{2}{8} = $ _____

b) $4 \times \frac{3}{5} = $ _____

c) $7 \times \frac{5}{9} = $ _____

d) $5 \times \frac{5}{6} = $ _____

e) $8 \times \frac{3}{4} = $ _____

f) $2 \times \frac{4}{7} = $ _____

g) $6 \times \frac{3}{10} = $ _____

h) $9 \times \frac{1}{3} = $ _____

i) $4 \times \frac{5}{8} = $ _____

j) $7 \times \frac{1}{4} = $ _____

k) $11 \times \frac{1}{2} = $ _____

l) $6 \times \frac{7}{10} = $ _____

3. Résous les équations en tenant compte de la priorité des opérations et, s'il y a lieu, transforme la réponse en nombre fractionnaire ou en fraction irréductible.

Exemple : $\frac{1}{3} + 3 \times \frac{5}{9} = \quad \frac{1}{3} + (3 \times \frac{5}{9}) = \quad \frac{1}{3} + \frac{15}{9} = \quad \frac{3}{9} + \frac{15}{9} = \quad \frac{18}{9} = \quad 2$

a) $8 \times \frac{3}{8} - \frac{3}{4} = $ _____

b) $2\frac{1}{4} - 3 \times \frac{7}{16} = $ _____

c) $6 \times \frac{2}{5} + \frac{9}{10} = $ _____

d) $5\frac{5}{12} - 4 \times \frac{5}{6} = $ _____

e) $\frac{1}{2} + 5 \times \frac{5}{8} - \frac{3}{4} = $ _____

4. Résous les équations en appliquant la distributivité et, s'il y a lieu, transforme la réponse en nombre fractionnaire ou en fraction irréductible.

Exemple :

$4 \times (\frac{1}{4} + \frac{3}{8}) = (4 \times \frac{1}{4}) + (4 \times \frac{3}{8}) = \frac{4}{4} + \frac{12}{8} = \frac{8}{8} + \frac{12}{8} = \frac{20}{8} = 2\frac{4}{8} = 2\frac{1}{2}$

a) $8 \times (\frac{2}{3} - \frac{1}{6}) = $ _____

b) $3 \times (\frac{2}{5} + \frac{3}{10}) = $ _____

c) $5 \times (\frac{11}{16} - \frac{1}{2}) = $ _____

d) $6 \times (\frac{1}{3} + \frac{4}{9}) = $ _____

e) $7 \times (\frac{19}{20} - \frac{4}{5}) = $ _____

Exercices

1. **À l'urgence d'un hôpital, les patients attendent de voir un médecin. Cédric s'est cassé un bras en pratiquant son sport préféré : la planche à roulettes. Nerveux et souffrant, il consulte sa montre à plusieurs reprises pendant la longue attente. L'aiguille des minutes a le temps d'effectuer 28 fois le $\frac{1}{8}$ du cadran avant que Cédric ne puisse rencontrer le médecin. Si le garçon est arrivé à 22 h 15, à quelle heure le médecin a-t-il examiné son bras ?**

   Démarche :

   Réponse : Le médecin a examiné le bras de Cédric à _____ h _____.

2. **Les 4 enfants de la famille Rondeau sont des amateurs de jus de fruits. Si Alexandre a bu les $\frac{3}{10}$ du pichet, Édith en a bu le $\frac{1}{5}$ et Corinne en a bu les $\frac{7}{20}$, et que le pichet contenait 2000 ml, quelle quantité de jus de fruits reste-t-il pour Madeleine ?**

   Démarche :

   Réponse : Il reste _____ ml de jus de fruits pour Madeleine.

3. **Les participants à une compétition de lancement de fusées artisanales ont vécu des émotions fortes. En effet, $\frac{1}{6}$ des fusées a culbuté au lancement, $\frac{3}{16}$ des fusées ont explosé, et $\frac{5}{12}$ des fusées se sont élevées à moins de 5 m avant de retomber et de s'écraser au sol. Si la compétition accueillait 48 participants qui devaient faire décoller chacun une fusée, combien d'entre elles se sont envolées à plus de 5 m du sol ?**

   Démarche :

   Réponse : _____ fusées se sont envolées à plus de 5 m du sol.

Test

1. Colorie les équations dont la somme est égale à 1.

$\dfrac{1}{2} + \dfrac{3}{4} + \dfrac{1}{8}$	$\dfrac{2}{20} + \dfrac{1}{5} + \dfrac{7}{10}$	$\dfrac{4}{15} + \dfrac{1}{5} + \dfrac{16}{30}$
$\dfrac{1}{6} + \dfrac{1}{3} + \dfrac{15}{24}$	$\dfrac{7}{18} + \dfrac{1}{3} + \dfrac{2}{9}$	$\dfrac{1}{3} + \dfrac{5}{9} + \dfrac{2}{27}$
$\dfrac{1}{4} + \dfrac{3}{8} + \dfrac{6}{16}$	$\dfrac{1}{2} + \dfrac{5}{12} + \dfrac{2}{6}$	$\dfrac{10}{28} + \dfrac{3}{14} + \dfrac{3}{7}$

2. Colorie les équations dont la différence est égale à $\dfrac{1}{2}$.

$\dfrac{7}{8} - \dfrac{1}{4}$	$\dfrac{5}{7} - \dfrac{3}{14}$	$\dfrac{7}{10} - \dfrac{9}{20}$	$\dfrac{4}{5} - \dfrac{3}{10}$
$\dfrac{9}{10} - \dfrac{2}{5}$	$\dfrac{8}{9} - \dfrac{1}{3}$	$\dfrac{5}{6} - \dfrac{6}{18}$	$\dfrac{3}{4} - \dfrac{5}{16}$

3. Additionne et soustrais les fractions et, s'il y a lieu, transforme la réponse en nombre fractionnaire ou en fraction irréductible.

Exemple : $\dfrac{5}{6} + \dfrac{11}{18} = \dfrac{(5 \times 3)}{(6 \times 3)} + \dfrac{11}{18} = \dfrac{15 + 11}{18} = \dfrac{26}{18}$ ou $1\dfrac{8}{18}$ ou $1\dfrac{4}{9}$

a) $\dfrac{3}{4} + \dfrac{8}{16}$

Rép. : _____

b) $3\dfrac{2}{3} - 1\dfrac{5}{6}$

Rép. : _____

c) $\dfrac{7}{8} + \dfrac{1}{2}$

Rép. : _____

d) $4\dfrac{1}{5} - 2\dfrac{3}{10}$

Rép. : _____

e) $\dfrac{4}{7} + \dfrac{18}{21}$

Rép. : _____

f) $2\dfrac{2}{3} - \dfrac{7}{9}$

Rép. : _____

Exercices

4. **Colorie les équations dont la somme est plus grand que 1, mais plus petit que 2.**

$\frac{2}{3} + \frac{7}{18} + \frac{5}{6}$	$\frac{1}{2} + \frac{15}{16} + \frac{7}{8}$	$\frac{1}{10} + \frac{9}{20} + \frac{2}{5}$
$\frac{3}{16} + \frac{3}{4} + \frac{3}{8}$	$\frac{9}{14} + \frac{5}{28} + \frac{4}{7}$	$\frac{8}{9} + \frac{17}{18} + \frac{31}{36}$
$\frac{8}{15} + \frac{17}{30} + \frac{2}{5}$	$\frac{3}{4} + \frac{5}{24} + \frac{1}{8}$	$\frac{49}{100} + \frac{17}{50} + \frac{3}{5}$

5. **Résous les équations en respectant les parenthèses et, s'il y a lieu, transforme la réponse en nombre fractionnaire ou en fraction irréductible.**

Exemple : $(\frac{4}{7} + \frac{9}{14}) - (2 \times \frac{5}{28}) = \quad (\frac{16}{28} + \frac{18}{28}) - (\frac{10}{28}) = \quad \frac{34}{28} - \frac{10}{28} = \quad \frac{6}{7}$

a) $(\frac{8}{9} - \frac{1}{3}) \times (3 + 4) \quad = $ _____

b) $(6 \times \frac{1}{2}) + (\frac{5}{6} \times 8) \quad = $ _____

c) $(\frac{4}{7} \times 5) - (2 - \frac{17}{21}) \quad = $ _____

d) $(9 \div 3) \times (\frac{3}{5} + \frac{8}{15}) \quad = $ _____

e) $(\frac{5}{8} + \frac{3}{16}) + (4 \times \frac{1}{8}) - \frac{1}{4} \quad = $ _____

6. **Complète le tableau ci-dessous et, s'il y a lieu, transforme la réponse en nombre fractionnaire ou en fraction irréductible.**

	x 3	$+ \frac{5}{24}$	$- \frac{1}{24}$	x 7	$\times 4 + \frac{1}{2}$	$\times 6 - \frac{9}{24}$
$\frac{1}{2}$						
$\frac{3}{4}$						
$\frac{5}{6}$						
$\frac{3}{8}$						
$\frac{11}{12}$						
$\frac{15}{24}$						

1. **Le père de Sébastien travaille comme microbiologiste dans un laboratoire. Découvre son instrument de prédilection en traçant des points aux 44 coordonnées suivantes et en les reliant dans l'ordre par un trait.**

(9, –8) (9, –10) (–4, –10) (–4, –8) (–3, –8) (–1, –5) (–4, –3) (–5, 0) (–3, 3) (2, 6) (4, 6)

(4, 7) (5, 7) (5, 9) (7, 9) (7, 7) (8, 7) (8, 1) (9, 2) (9, 1) (10, 0) (9, –1)

(8, 0) (7, 0) (7, –1) (5, –1) (5, 2) (1, 2) (–1, 0) (–1, –2) (0, –3) (2, –3) (2, –2)

(10, –2) (10, –3) (3, –3) (3, –8) (5, –8) (5, –6) (4, –5) (5, –4) (8, –6) (7, –7) (7, –8)

Complète l'illustration en reliant les coordonnées (7, –8) et (9, –8).

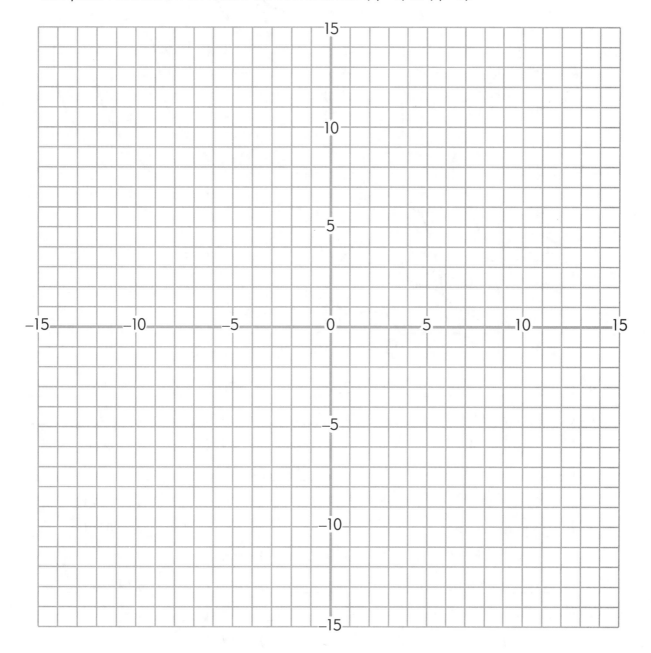

Réponse : L'instrument de prédilection du père de Sébastien est le _____.

Test

1. Trouve les coordonnées des points qui ont servi à compléter l'image du petit singe d'Ariane.

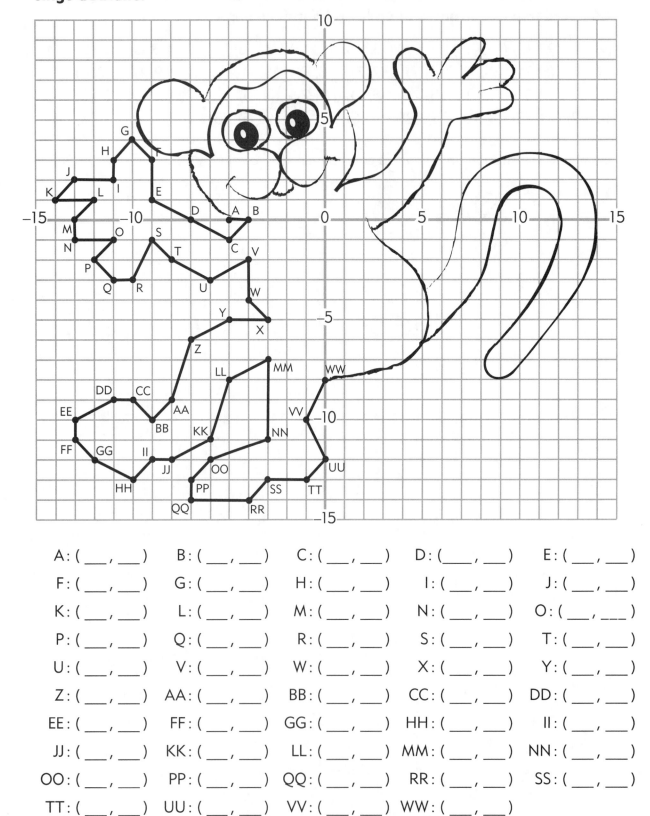

A : (___ , ___)   B : (___ , ___)   C : (___ , ___)   D : (___ , ___)   E : (___ , ___)

F : (___ , ___)   G : (___ , ___)   H : (___ , ___)   I : (___ , ___)   J : (___ , ___)

K : (___ , ___)   L : (___ , ___)   M : (___ , ___)   N : (___ , ___)   O : (___ , ___)

P : (___ , ___)   Q : (___ , ___)   R : (___ , ___)   S : (___ , ___)   T : (___ , ___)

U : (___ , ___)   V : (___ , ___)   W : (___ , ___)   X : (___ , ___)   Y : (___ , ___)

Z : (___ , ___)   AA : (___ , ___)   BB : (___ , ___)   CC : (___ , ___)   DD : (___ , ___)

EE : (___ , ___)   FF : (___ , ___)   GG : (___ , ___)   HH : (___ , ___)   II : (___ , ___)

JJ : (___ , ___)   KK : (___ , ___)   LL : (___ , ___)   MM : (___ , ___)   NN : (___ , ___)

OO : (___ , ___)   PP : (___ , ___)   QQ : (___ , ___)   RR : (___ , ___)   SS : (___ , ___)

TT : (___ , ___)   UU : (___ , ___)   VV : (___ , ___)   WW : (___ , ___)

Exercices

2. Une compagnie vient d'installer ses bureaux dans un édifice qui compte plusieurs étages. Place les locaux sur le bon étage à l'aide des indices ci-dessous.

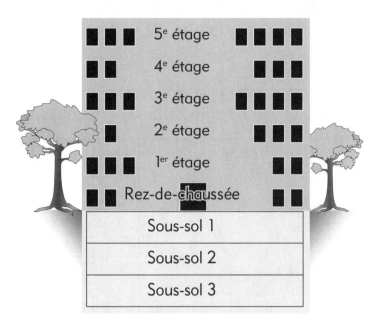

- L'administration est juste au-dessus de la cafétéria.
- La conciergerie est au 2e sous-sol.
- La réserve est entre la conciergerie et la cafétéria.
- La salle de conférence est située juste au-dessous des archives.
- Les cabinets de travail sont entre l'administration et la salle de conférence.
- La chaufferie est sous la conciergerie.
- La salle multimédia est située juste au-dessus des archives.

3. Dans le port de Marseille en France, plusieurs types de navires sont amarrés aux quais. Trouve leur emplacement en les positionnant sur l'axe ci-dessous, et ce, à l'aide des indices.

- La corvette n'est pas à côté de la pirogue.
- Le paquebot est situé entre la goélette et la vedette.
- Le remorqueur est à la position –2.
- Le chalutier est situé juste à droite du porte-conteneurs.
- La vedette est située juste à droite du bateau-pompe, à deux places du remorqueur.
- Le bateau-phare est situé entre le chalutier et le porte-avions.
- La pirogue est située à gauche de la frégate.
- Le porte-avions est situé juste à gauche du remorqueur.
- Le baliseur n'a pas de bateau à sa droite.

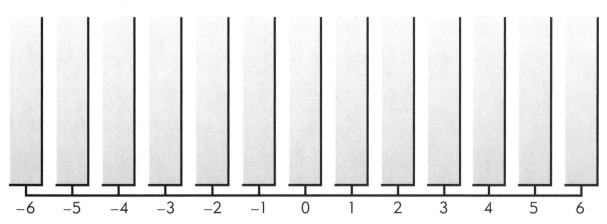

4. **Une troupe de scouts fait du camping dans la forêt. Pendant la nuit, une bestiole sème l'émoi en se faufilant dans le sac de couchage de l'un des dormeurs. Découvre l'identité de la bestiole en traçant des points aux 62 coordonnées suivantes et en les reliant dans l'ordre par un trait.**

(–2, –7)	(–7, –7)	(–9, –8)	(–7, –6)	(–9, –6)	(–7, –5)	(–8, –3)	(–6, –5)	(–3, –5)
(–1, –3)	(–3, –2)	(–4, 0)	(–8, –1)	(–10, 0)	(–13, 0)	(–11, 1)	(–13, 3)	(–11, 2)
(–11, 4)	(–10, 2)	(–8, 1)	(–6, 3)	(–7, 5)	(–9, 6)	(–11, 6)	(–12,8)	(–12, 12)
(–8, 12)	(–6, 11)	(–6, –9)	(–5, 7)	(–3, 6)	(–1, 8)	(–2, 10)	(–4, 11)	(–2, 11)
(–3, 13)	(–1, 12)	(0, 14)	(0, 11)	(1, 9)	(1, 5)	(3, 4)	(4, 2)	(6, 3)
(6, 5)	(4, 7)	(6, 6)	(5, 8)	(7, 6)	(7, 8)	(8, 6)	(8, 2)	(7, 0)
(5, –2)	(8, –5)	(10, –5)	(10, –1)	(12, –5)	(10, –7)	(8, –7)	(2, –4)	

Complète l'illustration en reliant les coordonnées (–2, –7) et (2, –4).

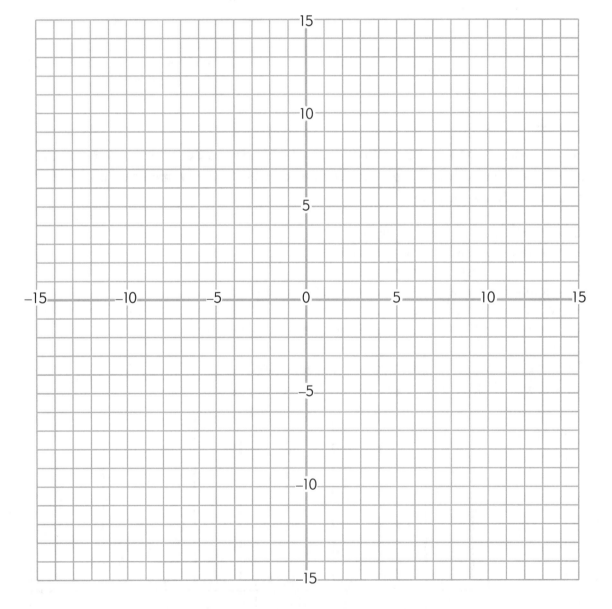

Réponse : La bestiole qui s'est faufilée dans le sac de couchage est un(e) _____.

1. À l'aide d'un globe terrestre, d'un atlas ou d'une mappemonde, trouve le nom des provinces et des territoires du Canada qui sont situés aux coordonnées suivantes :

a) (–5, –4) : _____

b) (4, 4) : _____

c) (–11, 2) : _____

d) (3, –6) : _____

e) (–10, –5) : _____

f) (10, –3) : _____

g) (–8, 1) : _____

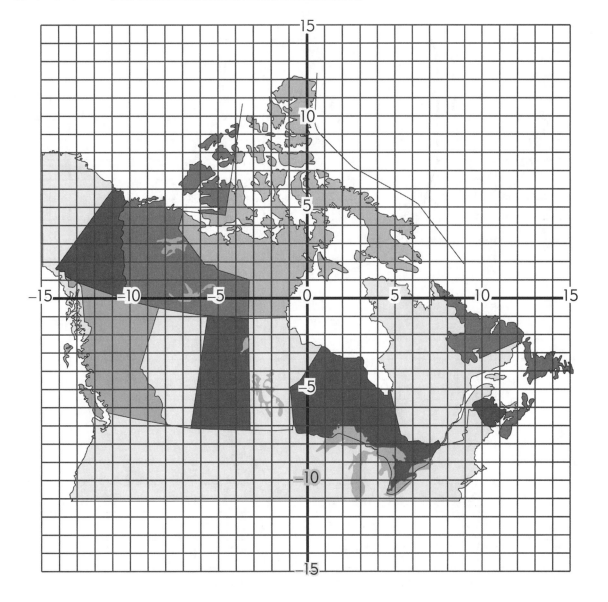

1. **Complète le contour du dessin de l'ananas par symétrie (l'axe de symétrie correspondant à l'ordonnée), puis identifie chacune des 23 nouvelles coordonnées auxquelles tu as placé un point.**

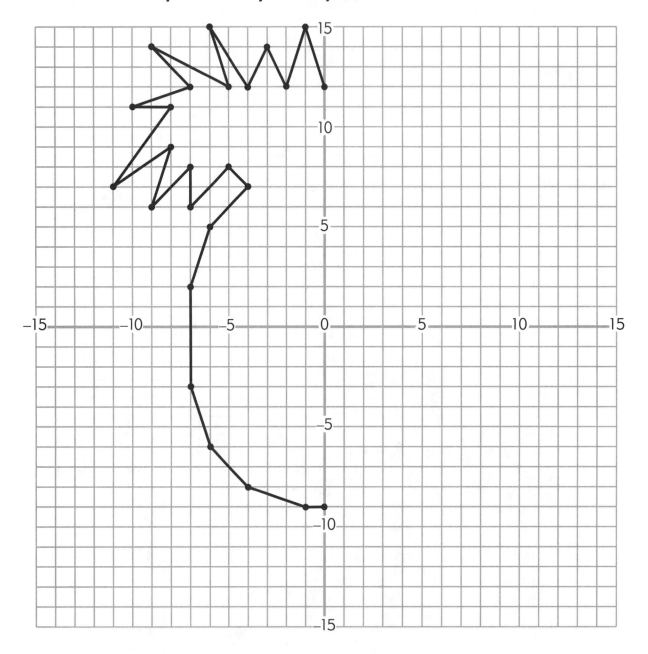

Les 23 nouvelles coordonnées sont :

(__ , __)   (__ , __)   (__ , __)   (__ , __)   (__ , __)   (__ , __)

(__ , __)   (__ , __)   (__ , __)   (__ , __)   (__ , __)   (__ , __)

(__ , __)   (__ , __)   (__ , __)   (__ , __)   (__ , __)   (__ , __)

(__ , __)   (__ , __)   (__ , __)   (__ , __)   (__ , __)

Exercices

2. Observe les axes ci-dessous, puis fais ce qui est demandé.

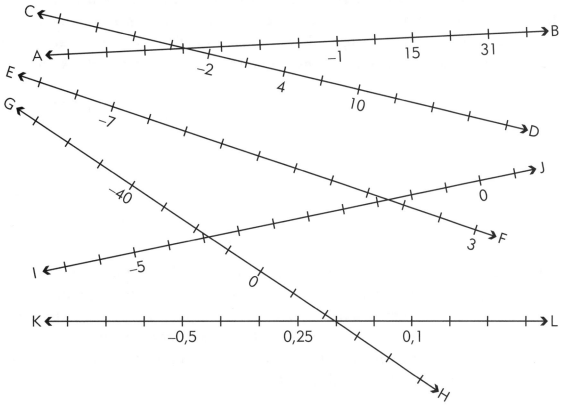

a) Marque d'un point surmonté de la lettre A la position -3 sur l'axe IJ. _____

b) Marque d'un point surmonté de la lettre B la position -14 sur l'axe CD. _____

c) Marque d'un point surmonté de la lettre C la position 20 sur l'axe GH. _____

d) Marque d'un point surmonté de la lettre D la position 0 sur l'axe EF. _____

e) Marque d'un point surmonté de la lettre E la position -25 sur l'axe AB. _____

f) Marque d'un point surmonté de la lettre G la position -1,25 sur l'axe KL. _____

g) Marque d'un point surmonté de la lettre F la position -5 sur l'axe EF. _____

h) À quelle position de l'axe GH celui-ci croise-t-il l'axe IJ ? _____

i) À quelle position de l'axe IJ celui-ci croise-t-il l'axe EF ? _____

j) À quelle position de l'axe KL celui-ci croise-t-il l'axe GH ? _____

k) À quelle position de l'axe EF celui-ci croise-t-il l'axe IJ ? _____

1. **La propriétaire d'un chenil construit des niches en bois pour abriter ses bergers allemands. Faisant preuve de créativité, elle utilise 5 prismes à base rectangulaire pour fabriquer les côtés de chaque niche et 1 prisme à base hexagonale pour fabriquer le toit, laissant ainsi une ouverture pour permettre aux chiens de circuler à volonté. Combien de faces, de sommets et d'arêtes comportent 14 niches ?**

   Démarche :

   Réponse : Les 14 niches comportent _____ faces, _____ sommets et _____ arêtes.

2. **Aïcha collectionne les modèles à coller. Son prochain défi est d'assembler les pièces d'un navire-transbordeur composé de 4 éléments principaux : 2 prismes à base triangulaire pour les 2 coques, 3 prismes à base carrée pour le compartiment des voitures et 1 prisme à base pentagonale pour la cabine des passagers et la passerelle de navigation. Quelles figures planes et combien d'entre elles composent les polyèdres servant à assembler le modèle ?**

   Démarche :

   Réponse : Les figures planes suivantes entrent dans la composition des polyèdres servant à assembler le modèle : _____

   _____

3. **L'agence spatiale vient de placer en orbite un satellite de télécommunications qui devrait faciliter l'accès à Internet pour les communautés éloignées des grands centres urbains. Ce satellite est composé de 3 polyèdres formés à partir de ces figures planes : 8 triangles et 6 carrés. Quels sont les 3 polyèdres qui composent le satellite ?**

   Démarche :

   Réponse : Les 3 polyèdres qui composent le satellite sont _____, _____ et _____.

Test

1. Applique la formule d'Euler pour chacun des polyèdres.

a) 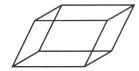 _____ sommets – _____ arêtes + _____ faces = _____

b) _____ sommets – _____ arêtes + _____ faces = _____

c) _____ sommets – _____ arêtes + _____ faces = _____

d) _____ sommets – _____ arêtes + _____ faces = _____

e) _____ sommets – _____ arêtes + _____ faces = _____

f) _____ sommets – _____ arêtes + _____ faces = _____

g) _____ sommets – _____ arêtes + _____ faces = _____

h) 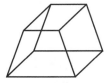 _____ sommets – _____ arêtes + _____ faces = _____

i) _____ sommets – _____ arêtes + _____ faces = _____

Exercices

2. **Dans les rectangles, dessine le développement des figures planes qui a servi à former chacun des polyèdres suivants.**

a)

b)

c)

d)

e)

f)

g)

h)

i)

Exercices

1. **Classifie les polyèdres en inscrivant leur numéro dans le bon ensemble.**

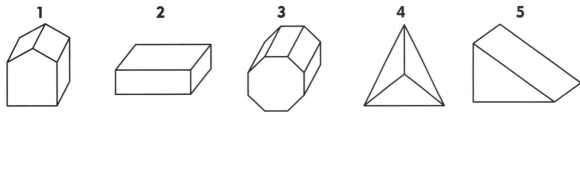

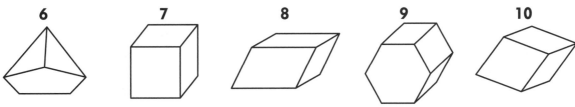

Les polyèdres

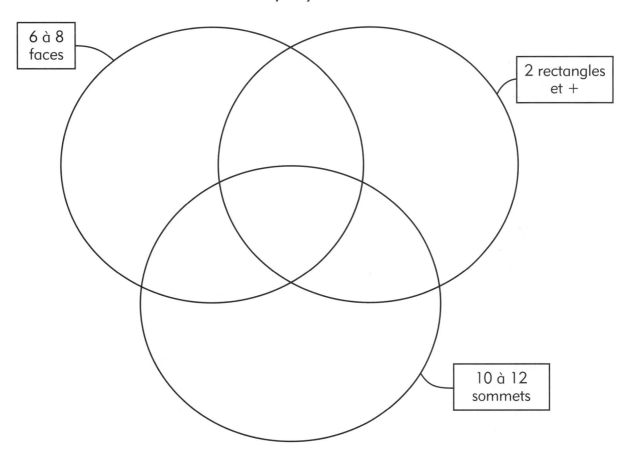

6 à 8
faces

2 rectangles
et +

10 à 12
sommets

Test

1. Relie par un trait chaque polyèdre à son développement.

a)      •   •

b)   •   •

c)   •   •

d)   •   •

e)   •   •

f)   •   •

2. Relie chaque nom de polyèdre à sa définition.

a)   hexaèdre •   • polyèdre à 4 faces
b)   décaèdre •   • polyèdre à 5 faces
c)   tétraèdre •   • polyèdre à 6 faces
d)   octaèdre •   • polyèdre à 7 faces
e)   dodécaèdre •   • polyèdre à 8 faces
f)   pentaèdre •   • polyèdre à 9 faces
g)   ennéaèdre •   • polyèdre à 10 faces
h)   heptaèdre •   • polyèdre à 11 faces
i)   hendécaèdre •   • polyèdre à 12 faces

Exercices

3. Observe les polyèdres, puis complète le tableau en dénombrant le nombre de faces, de sommets et d'arêtes.

a)
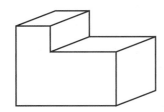

b)
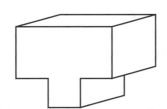

c)
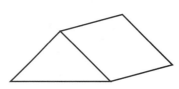

d)
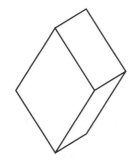

e)
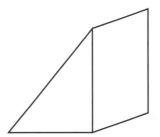

f)
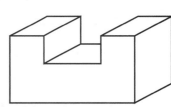

g)
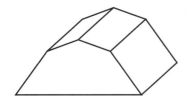

h)
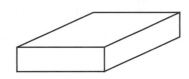

i)

j)
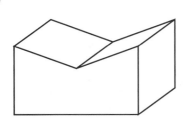

k)
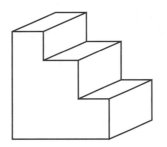

l)
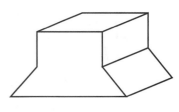

	a	b	c	d	e	f	g	h	i	j	k	l
Faces												
Sommets												
Arêtes												

Exercices

1. Pour chaque figure, colorie en bleu les angles droits, en rouge les angles aigus, en jaune les angles obtus et en mauve les angles rentrants (entre 180 et 360 degrés).

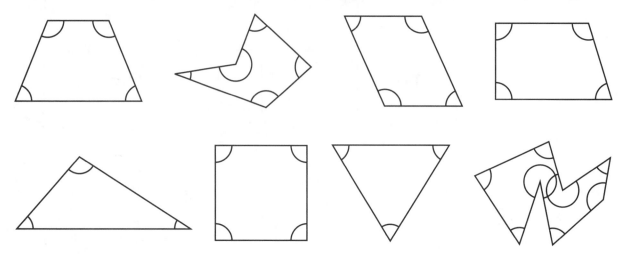

2. Place la lettre associée à chaque triangle dans la bonne colonne du tableau.

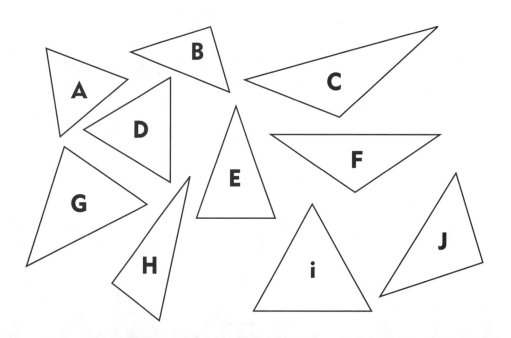

Triangles scalènes	Triangles rectangles	Triangles isocèles	Triangles équilatéraux

Test

3. **Mesure chacun des angles à l'aide d'un rapporteur.**

a)
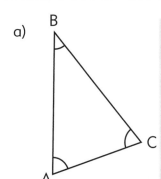

b)
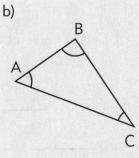

c)
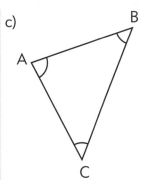

d)
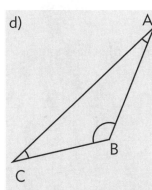

∠ A = _____ degrés   ∠ A = _____ degrés   ∠ A = _____ degrés   ∠ A = _____ degrés

∠ B = _____ degrés   ∠ B = _____ degrés   ∠ B = _____ degrés   ∠ B = _____ degrés

∠ C = _____ degrés   ∠ C = _____ degrés   ∠ C = _____ degrés   ∠ C = _____ degrés

4. **À l'aide d'un compas et d'une règle graduée, dessine dans le rectangle ci-dessous un cercle dont le rayon est de 5,5 cm. Trace ensuite en bleu la circonférence, en rouge le diamètre et en vert le rayon. Indique enfin la mesure du diamètre.**

Test

1. **Trace trois segments de droite en reliant les points, et ce, afin d'obtenir les angles demandés. Identifie ensuite chacun des triangles obtenus.**

a) Un angle droit et un angle aigu

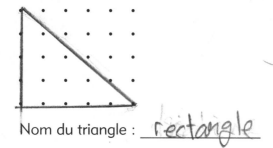

Nom du triangle : _rectangle_

b) Un angle obtus et un angle aigu

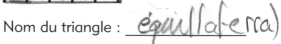

Nom du triangle : _Scalene_

c) Deux angles aigus congrus

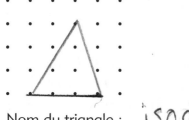

Nom du triangle : _isocèle_

d) Trois angles congrus

Nom du triangle : _équillaterra)_

2. **Trouve la mesure des angles à l'aide des indices, et ce, sans utiliser le rapporteur d'angles.**

a) Triangle isocèle

65°

∠B = _58°_ degrés

b) Triangle rectangle

34°

∠F = _56°_ degrés

c) Triangle scalène

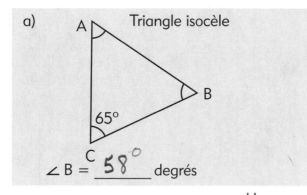

64°
68°

∠G = _49°_ degrés

d) Triangle isocèle

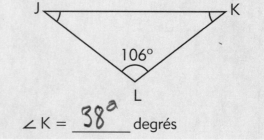

106°

∠K = _38°_ degrés

Exercices

3. **Un hypnotiseur utilise un pendule pour magnétiser ses patients. Mesure chacun des angles tracés par le pendule, et ce, à l'aide d'un rapporteur, puis trouve la mesure de l'angle supplémentaire.**

a)
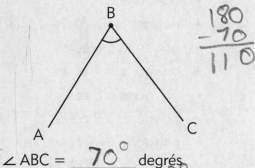

$$\begin{array}{r} 180 \\ -\ 70 \\ \hline 110 \end{array}$$

∠ ABC = __70°__ degrés

∠ supplémentaire : __110°__ degrés

b)
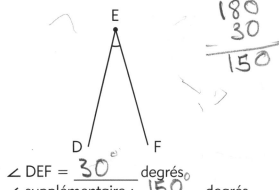

$$\begin{array}{r} 180 \\ 30 \\ \hline 150 \end{array}$$

∠ DEF = __30__ degrés

∠ supplémentaire : __150°__ degrés

c)
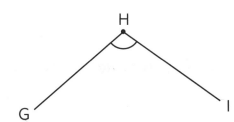

∠ GHI = _____ degrés

∠ supplémentaire : _____ degrés

d)
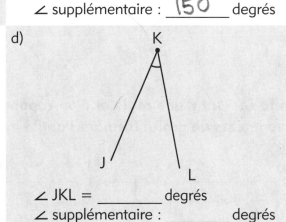

∠ JKL = _____ degrés

∠ supplémentaire : _____ degrés

e)
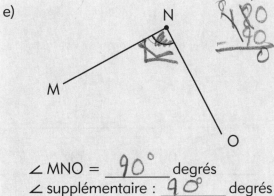

$$\begin{array}{r} 180 \\ 80 \\ \hline \end{array}$$

∠ MNO = __90°__ degrés

∠ supplémentaire : __90°__ degrés

f)
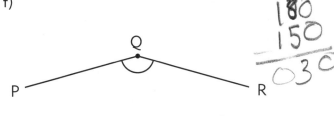

$$\begin{array}{r} 180 \\ 150 \\ \hline 030 \end{array}$$

∠ PQR = __150°__ degrés

supplémentaire : __30°__ degrés

g)
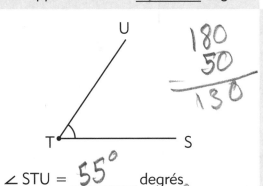

$$\begin{array}{r} 180 \\ 50 \\ \hline 130 \end{array}$$

∠ STU = __55°__ degrés

∠ supplémentaire : __130°__ degrés

h)
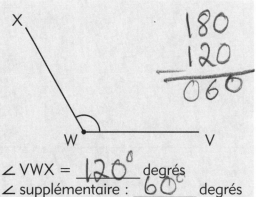

$$\begin{array}{r} 180 \\ 120 \\ \hline 060 \end{array}$$

∠ VWX = __120°__ degrés

∠ supplémentaire : __60°__ degrés

Exercices

4. Relie chaque nom de polygone à sa définition.

a)   heptagone •   • polygone à 3 côtés

b)   décagone •   • polygone à 4 côtés

c)   quadrilatère •   • polygone à 5 côtés

d)   ennéagone •   • polygone à 6 côtés

e)   hexagone •   • polygone à 7 côtés

f)   triangle •   • polygone à 8 côtés

g)   pentagone •   • polygone à 9 côtés

h)   hendécagone •   • polygone à 10 côtés

i)   dodécagone •   • polygone à 11 côtés

j)   octogone •   • polygone à 12 côtés

5. En te servant d'une règle et d'un rapporteur d'angles, trace dans chaque carré 2 segments de droite formant l'angle indiqué.

a)   65 °   b)   100 °   c)   28 °

d)   152 °   e)   86 °   f)   137 °

Exercices

6. Un métronome bat la mesure au son d'une mélodie. Mesure chacun des angles tracés par le pendule du métronome, et ce, à l'aide d'un rapporteur, puis trouve la mesure de l'angle complémentaire.

a)
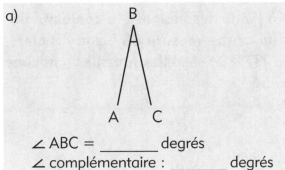

∠ ABC = _____ degrés
∠ complémentaire : _____ degrés

b)
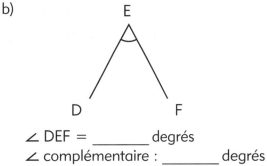

∠ DEF = _____ degrés
∠ complémentaire : _____ degrés

c)
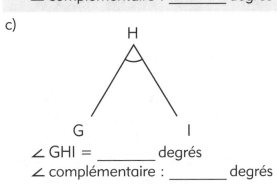

∠ GHI = _____ degrés
∠ complémentaire : _____ degrés

d)
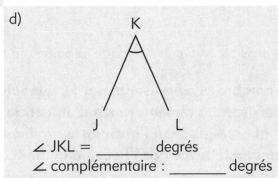

∠ JKL = _____ degrés
∠ complémentaire : _____ degrés

7. Inscris la lettre de chaque angle dans la colonne appropriée du tableau.

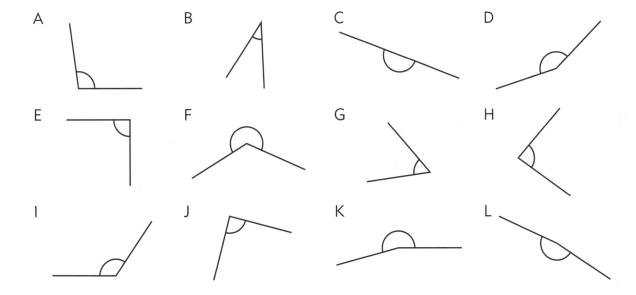

Angles aigus	Angles droits	Angles obtus	Angles plats	Angles rentrants

Exercices

83

1. **Gaston a préparé sa fameuse tarte au citron qu'il a recouverte de meringue. Sa conjointe et ses trois enfants se sont jetés sur le dessert encore chaud pour s'en couper chacun une grosse pointe. Mais voilà qu'il ne reste qu'une toute petite pointe pour le pauvre Gaston! Trouve la mesure de l'angle au centre formé par cette dernière pointe de tarte à l'aide des indices : la conjointe de Gaston a mangé une pointe dont l'angle au centre mesure 88 °; son fils aîné, une pointe dont l'angle au centre mesure 117 °; et ses filles jumelles, chacune une pointe dont l'angle au centre mesure 56 °.**

   Démarche :

   Réponse : L'angle au centre de la pointe de tarte de Gaston mesure _____ °.

2. **Le nombre pi, représenté par le symbole π, est un nombre irrationnel obtenu en divisant la circonférence d'un cercle par son diamètre. Ce nombre se poursuit à l'infini, mais si on l'arrondit au millième près, on obtient 3,142. Si le rayon d'un cercle tracé par l'hélice d'un hélicoptère mesure 4 m, quelle est la mesure de la circonférence de ce cercle? Arrondis ta réponse au centième près.**

   Démarche :

   Réponse : La mesure de la circonférence du cercle est de _____ m.

3. **Sonia prétend qu'elle peut dessiner un quadrilatère comprenant 3 angles aigus et 1 angle qui n'est ni aigu, ni droit, ni obtus, ni plat. Pour sa part, Michael prétend qu'il peut dessiner un triangle isocèle et rectangle à la fois. Dessine dans le bon carré les figures de Sonia et de Michael à l'aide d'une règle.**

   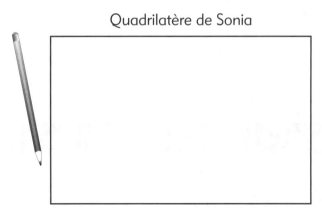

   Quadrilatère de Sonia   Triangle de Michael

Test

4. Trouve la circonférence des cercles placés ci-dessous, et ce, à l'aide des indices. Arrondis ta réponse à l'unité près.

a)

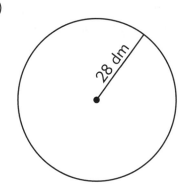

Circonférence : _____ dm

b)

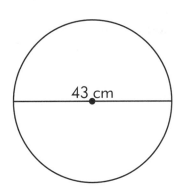

Circonférence : _____ cm

c)

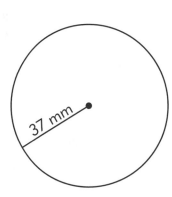

Circonférence : _____ mm

d)

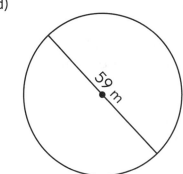

Circonférence : _____ m

e)

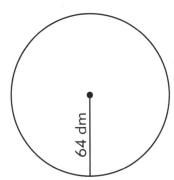

Circonférence : _____ dm

f)

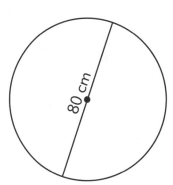

Circonférence : _____ cm

5. Trouve l'angle complémentaire et l'angle supplémentaire.

a) ∠ de 68 °   ∠ complémentaire : _____ °   ∠ supplémentaire : _____ °

b) ∠ de 27 °   ∠ complémentaire : _____ °   ∠ supplémentaire : _____ °

c) ∠ de 39 °   ∠ complémentaire : _____ °   ∠ supplémentaire : _____ °

d) ∠ de 51 °   ∠ complémentaire : _____ °   ∠ supplémentaire : _____ °

e) ∠ de 74 °   ∠ complémentaire : _____ °   ∠ supplémentaire : _____ °

f) ∠ de 46 °   ∠ complémentaire : _____ °   ∠ supplémentaire : _____ °

g) ∠ de 15 °   ∠ complémentaire : _____ °   ∠ supplémentaire : _____ °

h) ∠ de 82 °   ∠ complémentaire : _____ °   ∠ supplémentaire : _____ °

Test

1. **Dessine dans chaque rectangle la figure demandée à l'aide du compas ou de la règle, et ce, en respectant les consignes.**

a) Un triangle scalène comportant un angle de 52 ° et un autre de 46 °.

b) Un triangle rectangle dont l'un des angles mesure 30 °.

c) Un triangle équilatéral dont l'un des côtés mesure 3,4 cm.

d) Un triangle isocèle dont l'un des angles mesure 55 ° et un autre 70 °.

e) Un cercle dont le diamètre est de 5 cm.

f) Un cercle dont le rayon est de 28 mm.

Exercices

2. Mesure chacun des angles formés par les rayons du cercle à l'aide d'un rapporteur.

a)

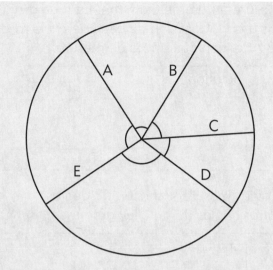

∠ formé par les rayons A et B = _____ °

∠ formé par les rayons B et C = _____ °

∠ formé par les rayons C et D = _____ °

∠ formé par les rayons D et E = _____ °

∠ formé par les rayons E et A = _____ °

b)

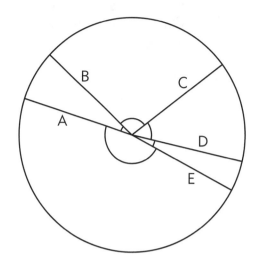

∠ formé par les rayons A et B = _____ °

∠ formé par les rayons B et C = _____ °

∠ formé par les rayons C et D = _____ °

∠ formé par les rayons D et E = _____ °

∠ formé par les rayons E et A = _____ °

c)

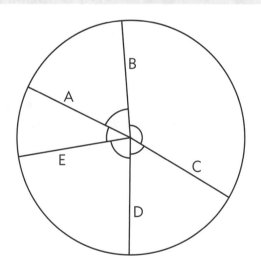

∠ formé par les rayons A et B = _____ °

∠ formé par les rayons B et C = _____ °

∠ formé par les rayons C et D = _____ °

∠ formé par les rayons D et E = _____ °

∠ formé par les rayons E et A = _____ °

d)

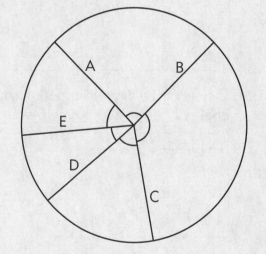

∠ formé par les rayons A et B = _____ °

∠ formé par les rayons B et C = _____ °

∠ formé par les rayons C et D = _____ °

∠ formé par les rayons D et E = _____ °

∠ formé par les rayons E et A = _____ °

Exercices

3. Résous les problèmes en laissant des traces de tes calculs.

a) La roue à aubes d'un bateau à vapeur mesure 54 dm de diamètre. La roue avant du vélo de Miguel a un diamètre 9 fois moins grand. Combien de centimètres le rayon de la roue du vélo de Miguel mesure-t-il ? Attention aux unités de mesure.

Démarche :	Solution :

b) Un parallélogramme comporte 2 angles aigus mesurant chacun 63 degrés. Trouve la mesure de chacun des deux autres angles du parallélogramme.

Démarche :	Solution :

c) Pénélope dit qu'elle peut former un carré avec 2 triangles rectangles, 1 triangle isocèle et un triangle scalène. Dessine la façon dont elle a disposé ces 4 triangles.

Démarche :	Solution :

d) Clément colle des pailles pour former des rayons sur une assiette de carton. Si chaque angle au centre ainsi formé mesure 15 degrés, combien de pailles a-t-il utilisées ?

Démarche :	Solution :

e) Si une pyramide à base carrée est formée d'un carré et de 4 triangles isocèles, quelle est la somme de la mesure des angles des figures planes qui composent ce polyèdre ?

Démarche :	Solution :

1. **Reproduis les figures par translation à partir du point de départ marqué d'un A, et ce, en respectant les consignes et en marquant le point d'arrivée d'un B.**

a) 9 cases vers la gauche
   3 cases vers le bas

b) 4 cases vers le haut
   4 cases vers la droite

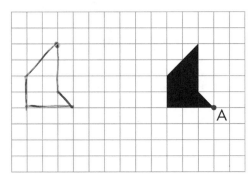 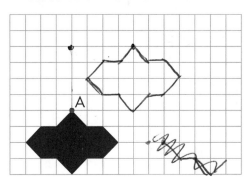

c) 3 cases vers le bas
   5 cases vers la droite

d) 8 cases vers la gauche
   4 cases vers le haut

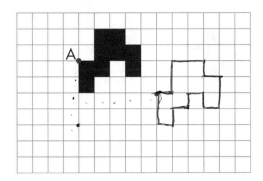 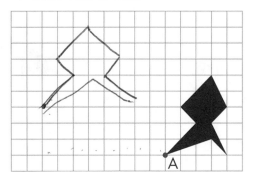

e) 9 cases vers la droite
   3 cases vers le haut

f) 6 cases vers le bas
   5 cases vers la gauche

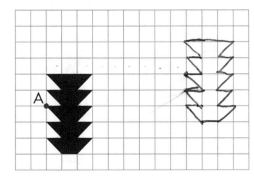 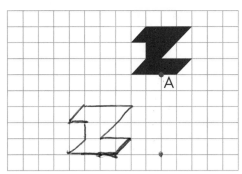

Test

1. Reproduis la frise en lui faisant subir les translations demandées.
Le point de départ est marqué par la lettre A.

a) 8 cases vers le haut

b) 10 cases vers la gauche

c) 5 cases vers le bas

d) 17 cases vers la droite

e) 12 cases vers le bas

f) 9 cases vers la gauche

g) 4 cases vers le bas

h) 11 cases vers la droite

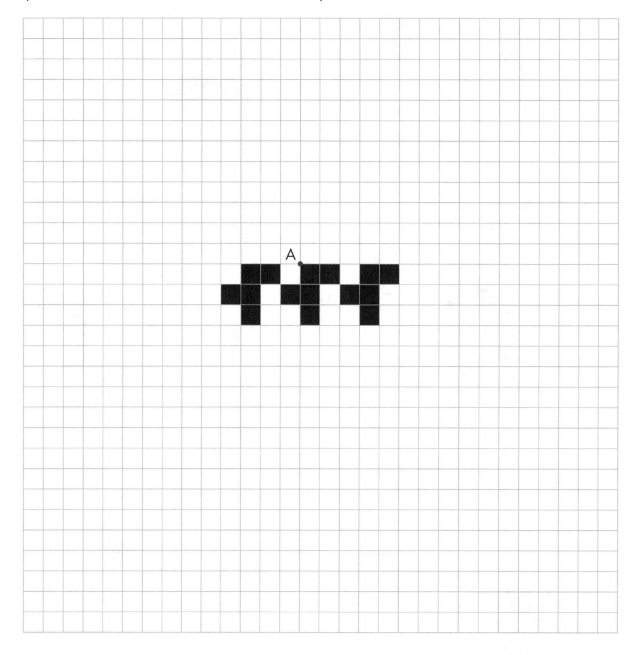

Exercices

2. Reproduis la figure par translation à l'aide de papier à tracer, et ce, en respectant les consignes et en marquant les coordonnées d'arrivée à chaque étape.

À partir du point marqué d'un A, effectue une translation de 6,5 cm vers 6 h, puis marque le point d'arrivée d'un B; à partir du point marqué d'un B, effectue une translation de 8 cm vers 3 h, puis marque le point d'arrivée d'un C; à partir du point marqué d'un C, effectue une translation de 4 cm vers 12 h, puis marque le point d'arrivée d'un D; à partir du point marqué d'un D, effectue une translation de 4,5 cm vers 9 h , puis marque le point d'arrivée d'un E.

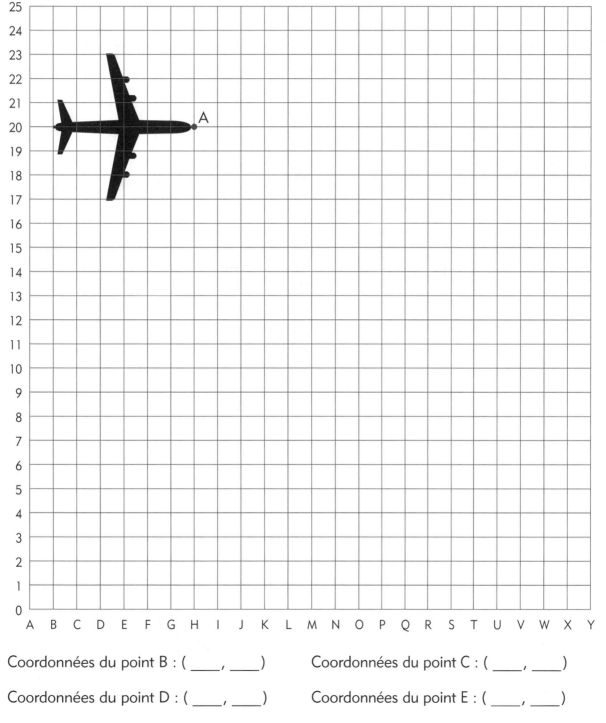

Coordonnées du point B : (____ , ____)   Coordonnées du point C : (____ , ____)

Coordonnées du point D : (____ , ____)   Coordonnées du point E : (____ , ____)

Exercices

1. Reproduis les frises par translation à partir du point marqué de la lettre A, et ce, en utilisant du papier calque. Marque le point d'arrivée d'un B.

a) 8,5 cm et 15 ° vers le sud-ouest

b) 7 cm et 10 ° vers le nord-est

2. Reproduis le dallage par translation à partir du point marqué de la lettre A, et ce, en utilisant du papier calque.

Consigne : 6,5 cm et 40 ° vers le nord-ouest; 4 cm et 60 ° vers le sud-ouest

Test

1. **Reproduis par translation la frise à partir du point marqué de la lettre A, et ce, à l'aide de papier calque. Marque chaque point subséquent de la lettre suivante.**

   • Translation de 7 cm vers 14 h (point B)
   • Translation de 11 cm vers 9 h (point C)
   • Translation de 5,5 cm vers 13 h (point D)
   • Translation de 12,5 cm vers 6 h (point E)
   • Translation de 4,5 cm vers 11 h (point F)

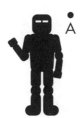

2. **Reproduis par translation le dallage à partir du point marqué de la lettre A, et ce, à l'aide de papier calque. Marque chaque point subséquent de la lettre suivante.**

   • Translation de 6 cm vers 16 h (point B)
   • Translation de 5 cm vers 8 h (point C)
   • Translation de 7,5 cm vers 17 h (point D)
   • Translation de 10 cm vers 13 h (point E)
   • Translation de 6 cm vers 6 h (point F)

Exercices

1. Compare les différentes mesures à l'aide des symboles <, > ou =.

a) 78,5 dm _____ 758 cm   b) 73 cm _____ 37 dm

c) 3,64 km _____ 3640 m   d) 0,45 m _____ 449 mm

e) 692 mm _____ 7 dm   f) 3,88 m _____ 402 cm

g) 45,3 m _____ 4524 cm   h) 2,36 km _____ 23,6 dm

i) 57,9 cm _____ 579 mm   j) 942,4 m _____ 981 dm

k) 8760 m _____ 8,67 km   l) 72 cm _____ 0,03 km

2. Place les mesures dans l'ordre croissant.

7,342 m	32,45 cm	543,2 mm	45,23 dm	243,5 m	2,453 km
37,24 cm	7243 mm	723,4 cm	253,4 dm	3,524 km	43,25 m
25,34 dm	27,53 cm	2374 mm	4,235 km	3542 m	7324 dm

_____

_____

3. Mesure les couleuvres ci-dessous en portant une attention particulière à l'unité de mesure.

a)

Réponse : _____ dm

b)

Réponse : _____ mm

c)

Réponse : _____ m

d)

Réponse : _____ cm

e)

Réponse : _____ dm

f)

Réponse : _____ m

Test

1. **Complète le tableau en effectuant les opérations demandées. Transforme toutes tes réponses en centimètres et en les arrondissant au dixième près.**

	+ 179 mm	– 0,08 m	+ 4,5 cm	x 7	÷ 4
5,36 m					
97,4 dm					
8208 mm					
678,3 cm					
10 m					

2. **Un artisan spécialisé dans la fabrication de vitraux assemble les pièces d'un vitrail destiné à l'église de la paroisse. Observe la figure ci-dessous, puis réponds aux questions en t'aidant des indices.**

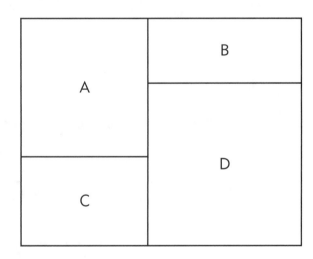

- L'un des côtés de la figure A, qui est un carré, mesure 10,8 dm.

- Les côtés de la figure B mesurent respectivement 126 cm et 5,4 dm.

- L'un des côtés de la figure C mesure 0,72 m.

a) Quel est le périmètre de la figure A ? Donne ta réponse en décimètres. _____

b) Quel est le périmètre de la figure B ? Donne ta réponse en centimètres. _____

c) Quel est le périmètre de la figure C ? Donne ta réponse en millimètres. _____

d) Quel est le périmètre de la figure D ? Donne ta réponse en décimètres. _____

e) Quel est le périmètre du vitrail ? Donne ta réponse en mètres. _____

Exercices

3. Avec ta règle, trace le trajet parcouru par le bernard-l'ermite pour découvrir dans quel coquillage il va élire domicile. Colorie ensuite ce coquillage en orangé.

1. Avance de 7 cm vers le nord.
2. Avance de 53 mm vers l'ouest.
3. Avance de 0,37 dm vers le sud.
4. Avance de 30 mm vers l'est.

5. Avance de 0,8 dm vers le sud.
6. Avance de 5 cm vers l'est.
7. Avance de 1,42 dm vers le nord.
8. Avance de 40 mm vers l'est.

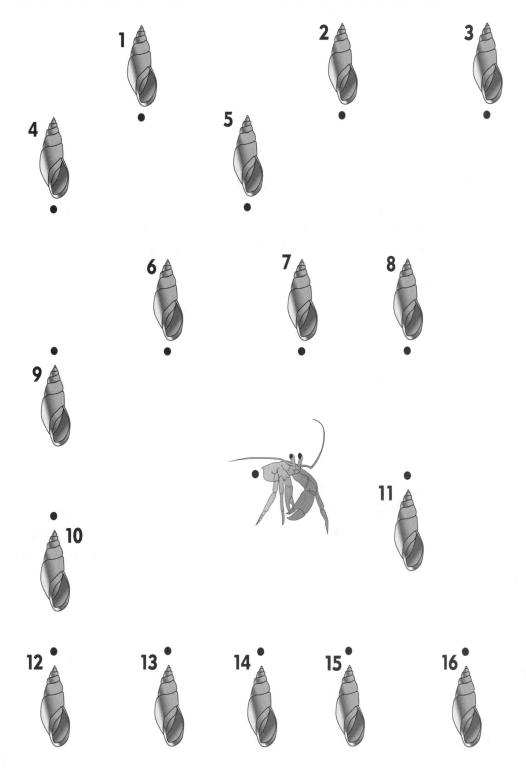

1. **Des spéléologues visitent une grotte dans laquelle on a découvert des fresques peintes sur les parois par des hommes de Cro-Magnon. Pour y parvenir, les spéléologues doivent franchir quelques galeries souterraines aux dimensions variables : 287 dm; 54,6 m; 3695 cm; 0,073 km. Quelle distance totale doivent-ils franchir pour se rendre aux fresques ? Attention aux unités de mesure.**

   Démarche :

   Réponse : Les spéléologues doivent franchir une distance totale de _____ m.

2. **La Lune orbite à une distance moyenne de 381 650 km de la Terre. Si la distance qui sépare Moscou, en Russie, et Hong Kong, en Chine, est 53 fois plus courte que celle séparant la Lune de la Terre, quelle est la distance entre ces deux villes ? Arrondis ta réponse à l'unité près.**

   Démarche :

   Réponse : La distance entre Moscou et Hong Kong est d'environ _____ km.

3. **Un éleveur de bétail de l'Ouest canadien veut clôturer son ranch afin d'y faire paître ses vaches. Tous les 2,2 mètres, il plante un poteau qu'il relie au précédent à l'aide d'une broche électrifiée. Il doit placer une broche à 25 cm du sol et une autre à 14,7 dm du sol entre chaque poteau afin d'empêcher son troupeau de prendre la clé des champs. Si l'éleveur de bétail a utilisé 8646 m de broche pour clôturer son champ, combien de poteaux a-t-il plantés ?**

   Démarche :

   Réponse : L'éleveur de bétail a planté _____ poteaux pour clôturer son champ.

Test

1. **Place chacune des mesures de longueur dans la bonne colonne.**

462 cm	1174 mm	43,7 dm	6,8 cm	13,3 m	987 cm
71,6 dm	498 cm	914 mm	126 dm	725 mm	2,6 m
1349 cm	5 m	9,5 m	389 cm	6,35 m	8437 mm

Entre 0 dm et 45 dm	Entre 46 dm et 90 dm	Entre 91 dm et 135 dm

2. **Additionne et soustrais les mesures de longueur en tenant compte des unités de mesure.**

   a)   47 dm + 26 m = _____ cm   b)   8 dm – 57 cm = _____ m

   c)   15,8 dm + 33,6 cm = _____ mm   d)   784 m – 0,65 km = _____ cm

   e)   537 cm – 4,86 m = _____ dm   f)   3,645 m + 488 mm = _____ dm

   g)   62 564 mm – 17,5 m = _____ cm   h)   9,32 dm + 0,756 m = _____ mm

3. **Multiplie et divise les mesures de longueur en tenant compte des unités de mesure.**

   a)   87 dm x 6 = _____ m   b) 4482 mm ÷ 6 = _____ cm

   c)   39,2 cm ÷ 7 = _____ mm   d)   53 mm x 27 = _____ dm

   e)   746 m x 48 = _____ km   f)   9765 cm ÷ 5 = _____ dm

   g) 0,568 km ÷ 8 = _____ cm   h) 4928 cm x 34 = _____ m

Exercices

4. Relie les 20 points dans l'ordre décroissant afin de découvrir ce que la concierge doit remplacer pour que les locataires de l'immeuble évitent de se blesser.

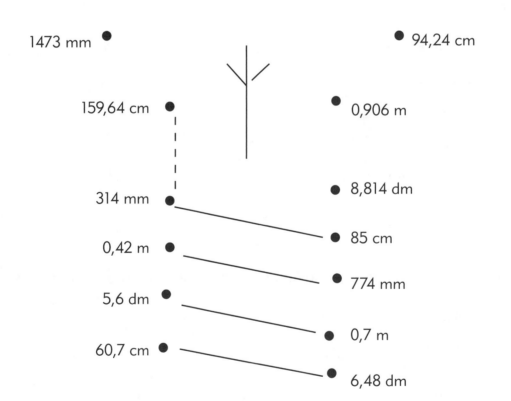

11 dm ●

1,06 m ●

113 cm ●

12,78 dm ●   ● 1000 mm

1,359 m ●   ● 9,9 dm

1473 mm ●   ● 94,24 cm

159,64 cm ●   ● 0,906 m

     ● 8,814 dm

314 mm ●   ● 85 cm

0,42 m ●   ● 774 mm

5,6 dm ●   ● 0,7 m

60,7 cm ●   ● 6,48 dm

Réponse : La concierge doit remplacer un(e) _____.

Exercices

1. **Du Moyen Âge jusqu'au milieu du 20ᵉ siècle, les bâtisseurs d'églises et de cathédrales construisaient souvent ces lieux de culte selon un plan en forme de « T », rappelant ainsi la croix, symbole de la foi chrétienne. Si le plan consiste en 1 rectangle dont l'un des côtés mesure 36,8 m et qu'un autre mesure exactement la moitié, ainsi que 2 carrés dont l'un des côtés mesure 5,7 m, trouve la mesure de la surface de l'édifice.**

Démarche :

Réponse : La mesure de la surface de l'édifice est de _____ m².

2. **Le cerf-volant de Mathilde est en forme de losange composé de 4 triangles rectangles. Les 2 côtés formant l'angle de 90 ° de chacun des 2 triangles rectangles du haut mesurent respectivement 25 cm et 0,39 m. Ceux formant l'angle de 90 ° de chacun des 2 triangles rectangles du bas mesurent respectivement 2,5 dm et 53 cm. Trouve la mesure de la surface du cerf-volant de Mathilde. Attention aux unités de mesure.**

Démarche :

Réponse : La mesure de la surface du cerf-volant de Mathilde est de _____ cm².

3. **Au port de la ville, un cargo transportant des conteneurs aux dimensions variées décharge sa cargaison sur un quai en forme de rectangle dont l'un des côtés mesure 45 m et un autre 77 m. La grue du port débarde les conteneurs sur le quai en les empilant à raison de 5 conteneurs par empilage. Si la cargaison du cargo compte 135 conteneurs en forme de rectangle dont l'un des côtés mesure 3 m et un autre 6 m, ainsi que 220 conteneurs en forme de carré dont l'un des côtés mesure 4,5 m, trouve la mesure de la surface de la portion du quai qui n'est pas occupée par la cargaison du cargo.**

Démarche :

Réponse : La mesure de la surface de la portion du quai qui n'est pas occupée par la cargaison du cargo est de _____ m².

Test

1. À partir des indices, calcule l'aire des figures ci-dessous.

a)
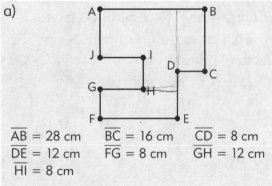

$\overline{AB}$ = 28 cm $\overline{BC}$ = 16 cm $\overline{CD}$ = 8 cm
$\overline{DE}$ = 12 cm $\overline{FG}$ = 8 cm $\overline{GH}$ = 12 cm
$\overline{HI}$ = 8 cm

Aire : _____ cm²

b)
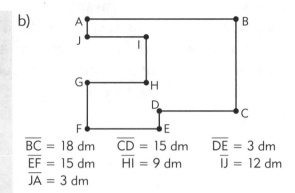

$\overline{BC}$ = 18 dm $\overline{CD}$ = 15 dm $\overline{DE}$ = 3 dm
$\overline{EF}$ = 15 dm $\overline{HI}$ = 9 dm $\overline{IJ}$ = 12 dm
$\overline{JA}$ = 3 dm

Aire : _____ dm²

c)
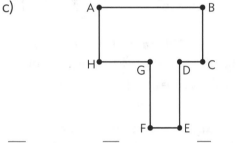
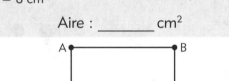

$\overline{CD}$ = 18 m $\overline{DE}$ = 45 m $\overline{EF}$ = 18 m
$\overline{GH}$ = 36 m $\overline{HA}$ = 36 m

Aire : _____ m²

d)
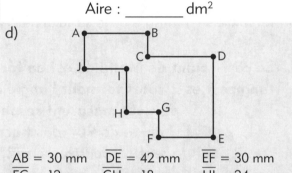

AB = 30 mm $\overline{DE}$ = 42 mm $\overline{EF}$ = 30 mm
$\overline{FG}$ = 12 mm $\overline{GH}$ = 18 mm $\overline{HI}$ = 24 mm
$\overline{IJ}$ = 24 mm $\overline{JA}$ = 18 mm

Aire : _____ mm²

e)
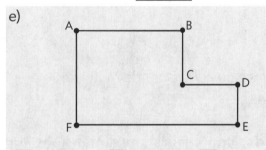

$\overline{AB}$ = 56 dm $\overline{BC}$ = 28 dm $\overline{CD}$ = 28 dm
$\overline{FA}$ = 49 dm

Aire : _____ dm²

f)
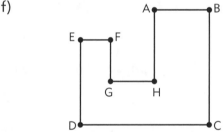

$\overline{AB}$ = 32 cm $\overline{DE}$ = 48 cm $\overline{EF}$ = 16 cm
$\overline{FG}$ = 24 cm $\overline{GH}$ = 24 cm $\overline{HA}$ = 40 cm

Aire : _____ cm²

g)
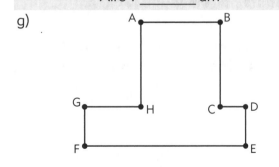

$\overline{AB}$ = 30 mm $\overline{BC}$ = 30 mm $\overline{CD}$ = 10 mm
$\overline{DE}$ = 15 mm $\overline{GH}$ = 20 mm

Aire : _____ mm²

h)
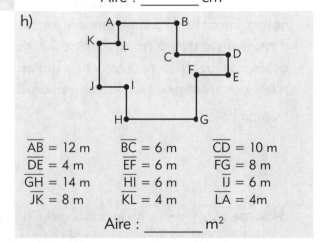

$\overline{AB}$ = 12 m $\overline{BC}$ = 6 m $\overline{CD}$ = 10 m
$\overline{DE}$ = 4 m $\overline{EF}$ = 6 m $\overline{FG}$ = 8 m
$\overline{GH}$ = 14 m $\overline{HI}$ = 6 m $\overline{IJ}$ = 6 m
$\overline{JK}$ = 8 m $\overline{KL}$ = 4 m $\overline{LA}$ = 4m

Aire : _____ m²

Exercices

2. Mesure la surface des terrains associés à différents sports.

a) Un terrain d'entraînement avec 6 courts de tennis   Surface : _____ m²

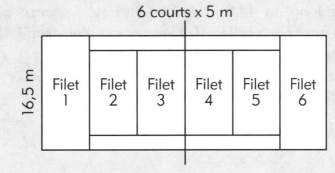

6 courts x 5 m

16,5 m

| Filet 1 | Filet 2 | Filet 3 | Filet 4 | Filet 5 | Filet 6 |

b) Un terrain de volley-ball   Surface : _____ m²

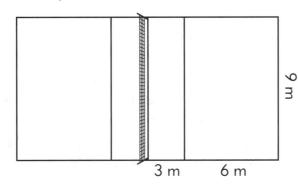

9 m

3 m   6 m

c) L'avant-champ d'un terrain de baseball   Surface : _____ m²

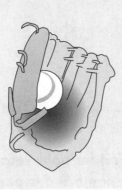

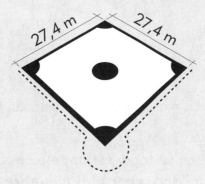

27,4 m   27,4 m

d) Un terrain de basket-ball   Surface : _____ m²

14 m

15 m

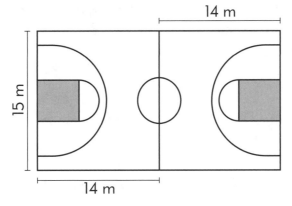

14 m

Exercices

1. **Le football américain est un sport qui demande vitesse et robustesse de la part des joueurs. Aussi, le terrain respecte certaines conventions en ce qui concerne le marquage et les dimensions. Si un terrain de football américain mesure 109,73 m de long sur 48,8 m de large, et que la mesure de la surface de la portion non occupée par les 100 verges est d'environ 888,2 m², trouve la mesure de la surface de la portion occupée par les 100 verges. Arrondis ta réponse au centième près. Pour t'aider à résoudre ce problème, observe le diagramme ci-contre.**

   Démarche :

   Réponse : La mesure de la surface de la portion occupée par les 100 verges est de _____ m².

2. **Une forêt en forme de « U » est composée de 3 sections rectangulaires. L'un des côtés de la première section mesure 18,6 km et l'autre, exactement le $\frac{1}{3}$. L'un des côtés de la deuxième section mesure 38,8 km et l'autre, exactement le $\frac{3}{4}$. Enfin, l'un des côtés de la troisième section mesure 22,3 km et l'autre, exactement le $\frac{2}{5}$. Trouve la mesure de la surface de la forêt. Arrondis ta réponse au dixième près.**

   Démarche :

   Réponse : La mesure de la surface de la forêt est de _____ km².

3. **Un couvreur de tapis est appelé chez les Térieur pour refaire les pièces de l'étage, en l'occurrence les chambres. La chambre des parents mesure 5,8 m de long sur 32 dm de large. Celle de la fille aînée mesure 490 cm de long sur 37 dm de large. Enfin, celle des jumeaux Alain et Alex mesure 6,4 m de long sur 405 cm de large. Trouve la mesure de la surface de tapis que le couvreur devra installer. Attention aux unités de mesure.**

   Démarche :

   Réponse : La mesure de la surface de tapis que le couvreur devra installer est de _____ dm².

1. À partir des indices, calcule l'aire des figures ci-dessous. Attention aux unités de mesure.

a)

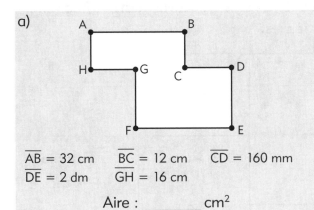

$\overline{AB}$ = 32 cm $\overline{BC}$ = 12 cm $\overline{CD}$ = 160 mm
$\overline{DE}$ = 2 dm $\overline{GH}$ = 16 cm

Aire : _____ cm²

b)

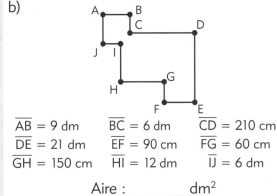

$\overline{AB}$ = 9 dm $\overline{BC}$ = 6 dm $\overline{CD}$ = 210 cm
$\overline{DE}$ = 21 dm $\overline{EF}$ = 90 cm $\overline{FG}$ = 60 cm
$\overline{GH}$ = 150 cm $\overline{HI}$ = 12 dm $\overline{IJ}$ = 6 dm

Aire : _____ dm²

c)

$\overline{BC}$ = 150 dm $\overline{CD}$ = 35 m $\overline{EF}$ = 15 m
$\overline{FG}$ = 1500 cm $\overline{GH}$ = 350 dm $\overline{HA}$ = 150 dm

Aire : _____ m²

d)

$\overline{AB}$ = 54 mm $\overline{DE}$ = 2,7 cm $\overline{EF}$ = 18 mm
$\overline{FG}$ = 0,18 dm $\overline{GH}$ = 27 mm $\overline{HA}$ = 4,5 cm

Aire : _____ mm²

e)

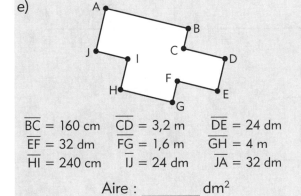

$\overline{BC}$ = 160 cm $\overline{CD}$ = 3,2 m $\overline{DE}$ = 24 dm
$\overline{EF}$ = 32 dm $\overline{FG}$ = 1,6 m $\overline{GH}$ = 4 m
$\overline{HI}$ = 240 cm $\overline{IJ}$ = 24 dm $\overline{JA}$ = 32 dm

Aire : _____ dm²

f)

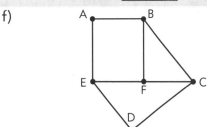

$\overline{AB}$ = 1 dm $\overline{CD}$ = 16 cm $\overline{DE}$ = 120 mm
$\overline{AE}$ = 12 cm $\overline{CE}$ = 200 mm $\overline{CF}$ = 100 mm

Aire : _____ cm²

g)

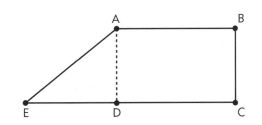

$\overline{BC}$ = 2 cm $\overline{CD}$ = 32 mm $\overline{DE}$ = 24 mm

Aire : _____ mm²

h)

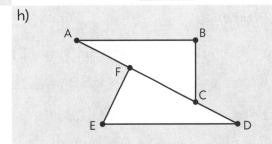

$\overline{AB}$ = 720 dm $\overline{BC}$ = 3600 cm $\overline{CD}$ = 27 m
$\overline{CF}$ = 45 m $\overline{EF}$ = 360 dm

Aire : _____ m²

Exercices

2. Cécile se rend à son grand magasin préféré pour acheter divers articles en solde. Observe le plan du magasin et des rayons, puis mesure le périmètre et l'aire des rayons demandés en utilisant ta règle et en respectant l'échelle. Arrondis tes réponses à l'ordre des dixièmes.

Vêtements pour enfants

Vêtements pour dames

Vêtements pour hommes

**Échelle :
1 cm = 4,5 m**

Accessoires électroniques

Literie

Cosmétiques

Jouets et articles pour poupons

Mobilier et luminaires

Artisanat, bricolage et jardinage

Souliers et sacs à main

a) Le rayon des vêtements pour hommes

Périmètre : _____ m   Aire : _____ m^2

b) Le rayon des accessoires électroniques

Périmètre : _____ m   Aire : _____ m^2

c) Le rayon de la literie

Périmètre : _____ m   Aire : _____ m^2

d) Le rayon des vêtements pour dames ET du mobilier et des luminaires

Périmètre : _____ m   Aire : _____ m^2

e) Le rayon des cosmétiques ET de l'artisanat, du bricolage et du jardinage

Périmètre : _____ m   Aire : _____ m^2

f) Le grand magasin au grand complet

Périmètre : _____ m   Aire : _____ m^2

Exercices

1. **Une marmotte s'est creusé dans le sol une galerie qui mène à une antichambre dans laquelle le rongeur entasse ses provisions. Si cette pièce mesure 58 cm de long, 36 cm de large et 29 cm de profond, quel volume de provisions la marmotte peut-elle y entasser ?**

   Démarche :

   Réponse : La marmotte peut y entasser un volume de provisions de _____ cm³.

2. **Les châteaux d'eau sont d'immenses réservoirs d'eau surélevés. Un village pittoresque de la région des Laurentides est approvisionné en eau grâce à 4 châteaux d'eau. Le premier mesure 8,2 m de haut, 3,3 m de large et 5,25 m de profond. Le deuxième mesure 7,82 m de haut, 4,6 m de large et 5 m de profond. Le troisième et le quatrième sont d'égales dimensions, soit 6,4 m de haut, 2,8 m de large et 2,7 m de profond. Quel volume d'eau les 4 réservoirs contiennent-ils ensemble ? Arrondis ta réponse au dixième près.**

   Démarche :

   Réponse : Les 4 réservoirs contiennent ensemble un volume d'eau _____ m³.

3. **Sébastien range des boîtes de revues dans une armoire. Si l'armoire mesure 25 dm de haut, 17 dm de large et 6 dm de profond, et que chaque boîte mesure 5 dm de haut, 2 dm de large et 2,5 dm de profond, combien de boîtes de revues Sébastien peut-il ranger dans l'armoire ?**

   Démarche :

   Réponse : Sébastien peut ranger _____ boîtes de revues dans l'armoire.

1. À partir des indices, calcule le volume des figures ci-dessous.

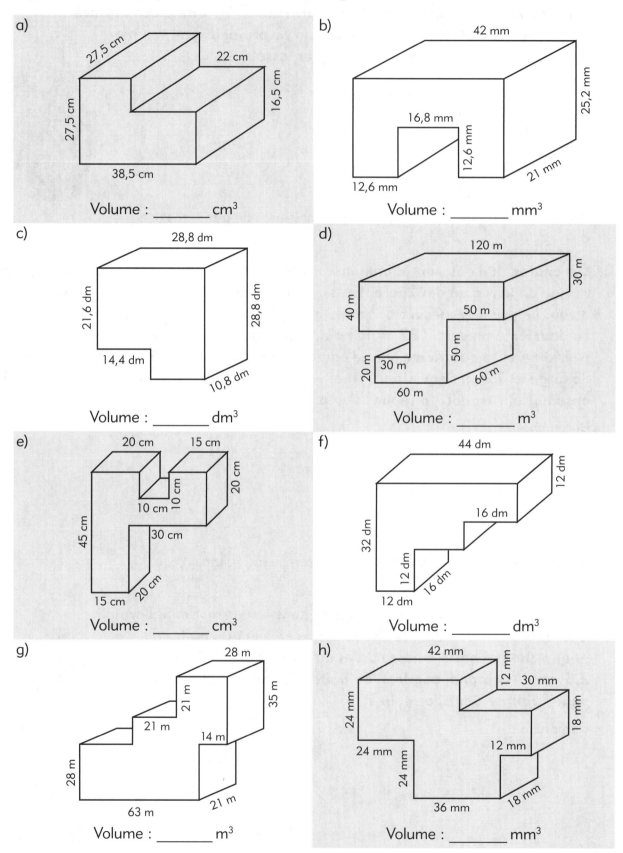

a)

27,5 cm · 22 cm · 27,5 cm · 16,5 cm · 38,5 cm

Volume : _____ cm³

b)

42 mm · 25,2 mm · 16,8 mm · 12,6 mm · 12,6 mm · 21 mm

Volume : _____ mm³

c)

28,8 dm · 21,6 dm · 28,8 dm · 14,4 dm · 10,8 dm

Volume : _____ dm³

d)

120 m · 30 m · 40 m · 50 m · 50 m · 20 m · 30 m · 60 m · 60 m

Volume : _____ m³

e)

20 cm · 15 cm · 20 cm · 10 cm · 10 cm · 45 cm · 30 cm · 15 cm · 20 cm

Volume : _____ cm³

f)

44 dm · 12 dm · 16 dm · 32 dm · 12 dm · 16 dm · 12 dm

Volume : _____ dm³

g)

28 m · 21 m · 21 m · 35 m · 14 m · 28 m · 63 m · 21 m

Volume : _____ m³

h)

42 mm · 12 mm · 30 mm · 24 mm · 18 mm · 24 mm · 12 mm · 24 mm · 36 mm · 18 mm

Volume : _____ mm³

Exercices

2. Résous les problèmes en laissant des traces de tes calculs.

a) Quelle est la longueur d'un prisme à base rectangulaire si son volume est de 1620 cm³, et qu'il mesure 12 cm de large et 9 cm de haut?

Démarche :	Solution :

b) Quelle est la largeur d'un prisme à base rectangulaire si son volume est de 2576 dm³, et qu'il mesure 23 dm de long et 7 dm de haut?

Démarche :	Solution :

c) Quelle est la hauteur d'un prisme à base rectangulaire si son volume est de 12 960 mm³, et qu'il mesure 36 mm de long et 24 mm de large?

Démarche :	Solution :

d) Quel est le volume d'un prisme à base rectangulaire si sa longueur est de 47 cm, sa largeur est de 28 cm et sa hauteur est de 6 cm?

Démarche :	Solution :

e) Quelle est la largeur d'un prisme à base rectangulaire si son volume est de 28 800 mm³, et qu'il mesure 72 mm de long et que sa hauteur est 9 fois plus petite que sa longueur?

Démarche :	Solution :

Exercices

1. **Un agriculteur entrepose des ballots de foin dans une grange qui mesure 65 m de long, 28 m de large et 6 m de haut. Si chaque ballot mesure 2,5 m de long, 1,6 m de large et 1,25 m de haut, combien l'agriculteur peut-il en entreposer dans sa grange?**

   Démarche :

   Réponse : L'agriculteur peut entreposer _____ ballots de foin dans sa grange.

2. **La soute à bagages d'un avion mesure 80 dm de long, 4,5 m de large et 230 cm de haut. Quel est le volume de la cabine touriste (partie réservée aux passagers) de cet avion s'il est 14 fois plus volumineux que la soute à bagages? Attention aux unités de mesure.**

   Démarche :

   Réponse : Le volume de la cabine touriste de l'avion est de _____ m^3.

3. **Des camions ramassent la neige poussée par la déneigeuse. Si la benne basculante d'un camion mesure 4,25 m de long, 3,6 m de large et 2,89 m de haut, quel volume de neige 77 camions peuvent-ils transporter en effectuant 5 chargements chacun? Arrondis ta réponse au dixième près. Attention aux unités de mesure.**

   Démarche :

   Réponse : Les 77 camions peuvent transporter un volume de neige de _____ m^3 en 5 chargements.

4. **La baignoire à remous mesure environ 21,8 dm de long, 12,5 dm de large et 6,7 dm de profond. La salle de bain mesure 52 dm de long, 43 dm de large et 25 dm de haut. Stéphanie oublie de fermer le robinet, et l'eau monte dans la salle de bain jusqu'à la hauteur de la baignoire. Quel volume d'eau se retrouve dans la salle de bain en ne comptant pas l'eau qui est dans la baignoire? Arrondis ta réponse à l'unité près.**

   Démarche :

   Réponse : Un volume d'eau de _____ dm^3 se retrouve dans le reste de la salle de bain.

Test

1. À partir des indices, calcule le volume des figures ci-dessous.

a)

20 dm
100 cm
15 dm
250 cm
2,5 m
10 dm
2 m

Volume : _____ m³

b)

100 cm
20 dm
1 m
15 dm
1 m
1,5 m
10 dm
500 cm
150 cm

Volume : _____ dm³

c)

10 m
60 dm
6 m
80 dm
8000 mm
600 cm
8 m
40 dm
1000 cm

Volume : _____ m³

d)

18 cm
120 mm
0,6 dm
1,2 dm
0,6 dm
12 cm
6 cm

Volume : _____ cm³

e)

80 mm
32 mm
1,6 cm
3,2 cm
0,32 dm
8 mm
24 mm

Volume : _____ mm³

f)

75 dm
450 cm
750 cm
450 cm
60 dm
4,5 m
3 m
16,5 m
450 cm

Volume : _____ dm³

g)

26 dm
1 m
0,4 m
4 dm
40 cm
0,8 m
80 cm
6 dm
8 dm

Volume : _____ m³

h)

150 mm
1,5 dm
2 dm
5 cm
200 mm
3 dm
15 cm
20 cm
10 cm
5 cm

Volume : _____ cm³

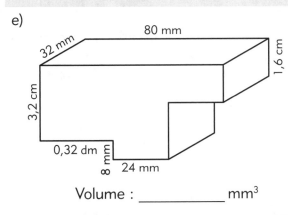
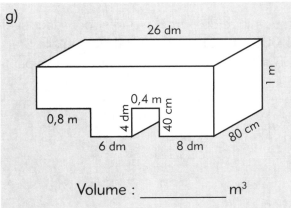
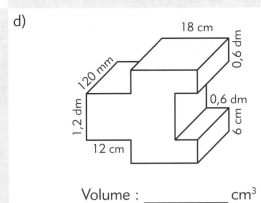
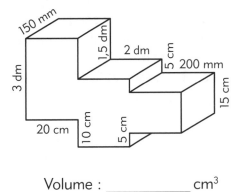
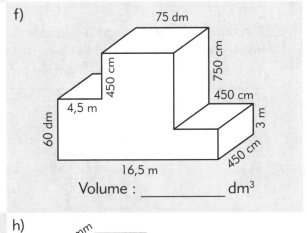

Exercices

111

2. Résous les problèmes en laissant des traces de tes calculs.

a) Un agent immobilier fait visiter une maison à paliers à des acheteurs potentiels. Ceux-ci remarquent qu'il faut descendre 15 marches pour se rendre de la salle à manger au salon. Si chaque marche de l'escalier mesure 18 cm de haut, 26 cm de profond et 60 cm de large, quel est le volume de l'espace compris sous cet escalier?

Démarche :	Solution :

b) Charles veut trouver la hauteur d'un édifice du centre-ville. L'édifice est composé de 4 tours rattachées à une tour centrale (à vol d'oiseau, l'édifice ressemble à une croix). Chaque tour a un volume de 12 330 m³, une largeur de 22,5 m et une profondeur de 13,7 m. Quelle est la hauteur de l'édifice?

Démarche :	Solution :

c) Alexandrine emballe le cadeau destiné à sa grand-mère dans une boîte en forme de trapèze dont les côtés parallèles mesurent respectivement 24 cm et 36 cm. Si la boîte mesure 32 cm de haut et 48 cm de profond, quel est son volume en décimètres?

Démarche :	Solution :

d) Juliette prépare des sandwichs pour un pique-nique au parc. Le panier dans lequel elle transporte les aliments a un volume de 81 000 cm³. Si chaque sandwich qu'elle prépare mesure 15 cm de large, 15 cm de long et 8 cm de haut, combien de sandwichs peut-elle placer dans son panier?

Démarche :	Solution :

1. **C'est l'automne et Céline prépare des marinades avec les légumes qu'elle a récoltés. Elle cuit ses condiments dans une énorme marmite. Après la cuisson, elle doit attendre que le tout refroidisse, puis doit le transvider dans des bocaux. Si elle remplit 3 bocaux de 750 ml, 6 bocaux de 625 ml et 7 bocaux de 450 ml, quelle est la capacité en litres de la marmite dans laquelle elle a mijoté ses marinades ? Attention aux unités de mesure.**

   Démarche :

   Réponse : La capacité de la marmite est de _____ l.

2. **Chaque jour, l'être humain a besoin de remplacer l'eau qu'il perd en buvant au moins 2 litres de liquide. Marc-André ne boit que du lait, l'équivalent de 500 ml, ainsi que de l'eau pour s'hydrater quotidiennement. Combien de litres d'eau Marc-André peut-il boire en une année ? Attention aux unités de mesure.**

   Démarche :

   Réponse : Marc-André peut boire _____ l d'eau en une année.

3. **Le sommeil de Mélanie est perturbé : le robinet de la salle de bain fuit, et le plombier n'est pas disponible avant la semaine prochaine. Les gouttes qui tombent produisent un bruit agaçant… Aussi, l'eau dégoutte à un rythme de 59 ml chaque heure. Après une semaine, combien de millilitres d'eau auront été ainsi gaspillés ?**

   Démarche :

   Réponse : _____ ml d'eau auront été gaspillés après une semaine à cause du robinet qui fuit.

4. **Chez le marchand d'herbes et d'épices, Paolo veut acheter 2,7 kg de basilic. Pour mesurer le poids exact, le marchand utilise une balance à plateaux et dépose des poids de métal de 60 g sur l'un des plateaux. Combien de poids de métal le marchand devra-t-il déposer sur le plateau afin d'arriver à la quantité exacte de basilic ?**

   Démarche :

   Réponse : Le marchand devra déposer _____ poids de métal sur le plateau.

Test

1. **Dans la maison, plusieurs récipients servent à contenir divers liquides.
Calcule la capacité de chaque ensemble en te référant à la légende.
Attention aux unités de mesure.**

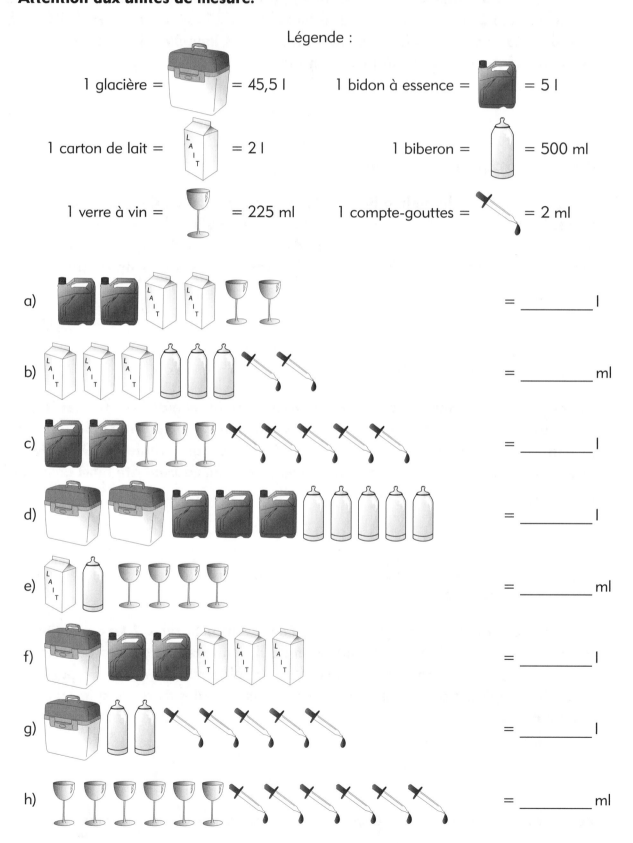

Légende :

1 glacière = = 45,5 l   1 bidon à essence = = 5 l

1 carton de lait = = 2 l   1 biberon = = 500 ml

1 verre à vin = = 225 ml   1 compte-gouttes = = 2 ml

a) = _____ l

b) = _____ ml

c) = _____ l

d) = _____ l

e) = _____ ml

f) = _____ l

g) = _____ l

h) = _____ ml

Exercices

1. **Daphnée transvide le contenu d'un pot de miel dans un contenant plus hermétique, et ce, à l'aide d'une cuiller à café. Si la cuiller à café peut contenir 15 ml et que Daphnée doit transvider 795 ml de miel, combien de fois devra-t-elle répéter l'exercice?**

   Démarche :

   Réponse : Daphnée devra répéter l'exercice _____ fois.

2. **Des camions-citernes approvisionnent les maisons du quartier en mazout pour le chauffage. Si la capacité d'un camion-citerne est de 18 500 litres, et que la moyenne de capacité de chaque citerne domestique est de 2000 litres, combien de camions-citernes faut-il pour approvisionner 37 maisons?**

   Démarche :

   Réponse : Il faut _____ camions-citernes pour approvisionner 37 maisons en mazout.

3. **Lorsqu'on tire la chasse d'eau de la toilette, on évacue environ 4500 ml d'eau. Si les habitants d'un village de 836 habitants tirent chacun la chasse d'eau 6 fois pendant la journée, combien de litres d'eau sont acheminés quotidiennement vers l'usine de traitement des eaux usées?**

   Démarche :

   Réponse : _____ l d'eau sont acheminés quotidiennement vers l'usine de traitement des eaux usées.

4. **Le koala, le kangourou et le wombat sont des mammifères à poche ventrale qui vivent en Australie. Le koala pèse en moyenne 7,5 kg. Pour sa part, le kangourou peut peser jusqu'à 12 fois le poids du koala. Enfin, le wombat pèse environ la moitié du poids du kangourou. Quel est le poids du kangourou et du wombat?**

   Démarche :

   Réponse : Le kangourou pèse environ _____ kg et le wombat, environ _____ kg.

Test

1. Lorsqu'ils partent en excursion, des adeptes du kayak doivent faire du portage pour éviter les cascades. En plus de leur embarcation, ils doivent souvent transporter tout leur attirail. Calcule la masse de chaque ensemble en te référant à la légende. Attention aux unités de mesure.

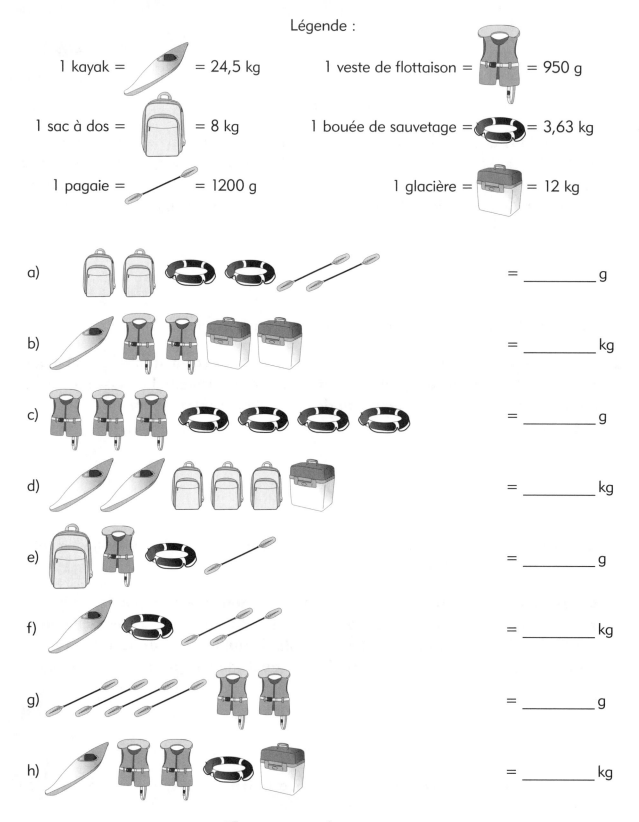

Légende :

1 kayak = = 24,5 kg   1 veste de flottaison = = 950 g

1 sac à dos = = 8 kg   1 bouée de sauvetage = = 3,63 kg

1 pagaie = = 1200 g   1 glacière = = 12 kg

a) = _____ g

b) = _____ kg

c) = _____ g

d) = _____ kg

e) = _____ g

f) = _____ kg

g) = _____ g

h) = _____ kg

1. En visite chez des amis américains, la mère de Nathan veut faire cuire un gâteau. Mais voilà que le four indique les températures en degrés Fahrenheit plutôt qu'en degrés Celsius. Pour convertir des degrés Celsius en degrés Fahrenheit, elle doit multiplier par 9, diviser par 5 et additionner 32. À quelle température en Fahrenheit doit-elle préchauffer le four si la recette exige une température de cuisson de 205 degrés Celsius ? Arrondis ta réponse à la dizaine près.

Démarche :

Réponse : La mère de Nathan doit préchauffer le four à _____ °F.

2. Même si la Lune est située à peu près à la même distance du Soleil que la Terre, les températures y sont beaucoup moins agréables. En effet, les températures à la surface lunaire peuvent atteindre un maximum de 127 °C lorsque le Soleil est à son zénith, et un minimum de –173 °C lors de la nuit lunaire. Quel est l'écart de température que subit la Lune ?

Démarche :

Réponse : L'écart de température que subit la Lune est de _____ °C.

3. La température moyenne à la surface du Soleil est de 6000 °C. La température interne du corps humain est d'environ 37 °C. Combien de fois la température à la surface du Soleil est-elle plus élevée que celle à l'intérieur du corps humain ? Arrondis ta réponse à l'unité près.

Démarche :

Réponse : La température à la surface du Soleil est _____ fois plus élevée que celle à l'intérieur du corps humain.

Test

1. Colorie en rouge le mercure de chacun des thermomètres ci-dessous selon la température indiquée.

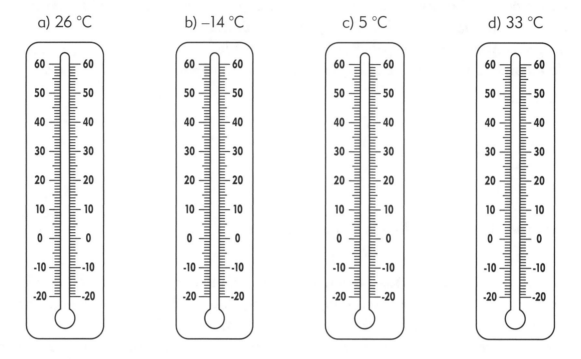

a) 26 °C   b) −14 °C   c) 5 °C   d) 33 °C

2. Observe les thermomètres ci-dessous, puis trouve la température annuelle moyenne de la ville de Sherbrooke pour les 6 mois les plus chauds de l'année. Arrondis ta réponse au dixième près.

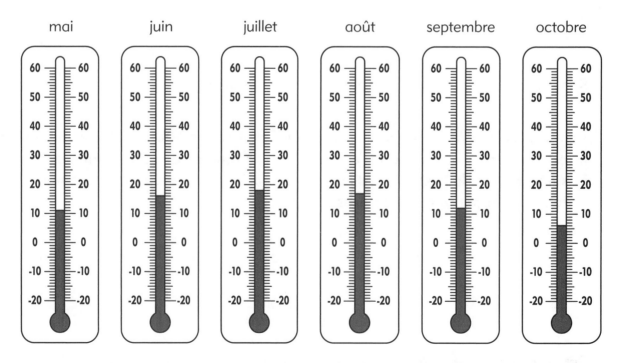

mai   juin   juillet   août   septembre   octobre

Réponse : La température annuelle moyenne de la ville de Sherbrooke pour les 6 mois les plus chauds de l'année est de _____ °C.

Exercices

1. **Savais-tu que la température minimale que les scientifiques ont établie est de –273,15 °C ? On appelle ce minimum le *zéro absolu*. Aussi, la température de vaporisation de l'eau est de 99,96 °C. Quel est l'écart entre le zéro absolu et la température de vaporisation de l'eau ?**

Démarche :

Réponse : L'écart de température entre le zéro absolu et la température de vaporisation
de l'eau est de _____ °C.

2. **À Arequipa au Pérou, les températures mensuelles sont assez constantes. Observe le tableau ci-dessous, puis réponds aux questions.**

	janv.	févr.	mars	avril	mai	juin	juil.	août	sept.	oct.	nov.	déc.
Max.	22	21	24	25	22	22	22	22	23	23	23	23
Min.	9	9	8	7	6	6	5	5	6	6	7	8

a) Quelle est la température maximale moyenne à Arequipa ? (au dixième près) _____

b) Quelle est la température minimale moyenne à Arequipa ? (au centième près) _____

c) Quel est l'écart moyen de température à Arequipa ? (à l'unité près) _____

3. **À Iqaluit, capitale du Nunavut, la température moyenne pour le mois d'avril est de –14 °C. À Winnipeg, capitale du Manitoba, la température moyenne pour le même mois est plus chaude de 18 °C que celle d'Iqaluit. Enfin, à Whitehorse, capitale du Yukon, la température moyenne pour le même mois est plus fraîche de 4 °C que celle de Winnipeg. Quelle est la température moyenne à Whitehorse pour le mois d'avril ?**

Démarche :

Réponse : La température moyenne à Whitehorse pour le mois d'avril est de _____ °C.

Test

1. **Les températures mensuelles moyennes des grandes villes canadiennes varient en fonction de divers facteurs : géologie, végétation, hydrographie, altitude, etc. Observe le diagramme à bandes, puis réponds aux questions.**

Températures en °C

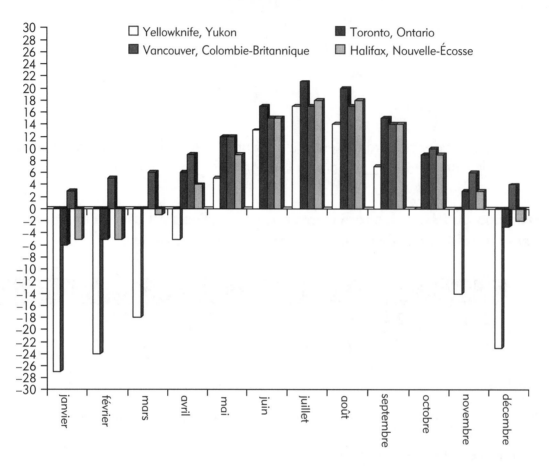

a) Dans quelle ville subit-on les plus grands écarts de température ?

_____

b) Dans quelle ville l'hiver est-il le moins rigoureux ?

_____

c) Quel est l'écart de température entre Toronto et Yellowknife pour le mois de novembre ?

_____

d) Quel est l'écart de température entre Vancouver et Halifax pour le mois de septembre ?

_____

e) Quelle est la température annuelle moyenne à Vancouver ? Arrondis à l'unité près.

_____

Exercices

1. **La consommation énergétique des appareils électroménagers varie selon leurs fonctions et se calcule en kilowattheures (kWh). Observe le diagramme circulaire, puis réponds aux questions. Laisse des traces de tes calculs et arrondis tes réponses à l'unité près.**

Pourcentage de consommation énergétique

Consommation énergétique annuelle :
4254 kWh

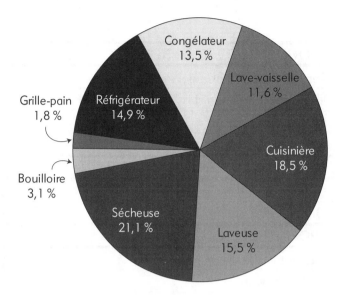

a) Combien de kWh le lave-vaisselle consomme-t-il annuellement ?

Réponse : _____ kWh

b) Combien de kWh la bouilloire consomme-t-elle annuellement ?

Réponse : _____ kWh

c) Combien de kWh la laveuse et la sécheuse consomment-elles ensemble annuellement ?

Réponse : _____ kWh

d) Combien de kWh le congélateur consomme-t-il de moins annuellement que le réfrigérateur ?

Réponse : _____ kWh

e) Combien de kWh la cuisinière consomme-t-elle de plus annuellement que le grille-pain ?

Réponse : _____ kWh

Test

2. Le Canada a deux langues officielles : l'anglais et le français. Le français est surtout parlé au Québec, mais certains habitants des autres provinces ou territoires l'utilisent quotidiennement. Observe le tableau ci-dessous, puis réponds aux questions. Laisse des traces de tes calculs.

	Population totale	Francophones
PROVINCES DE L'ATLANTIQUE		
Terre-Neuve-et-Labrador	522 000	2360
Île-du-Prince-Édouard	136 700	5890
Nouvelle-Écosse	932 400	35 380
Nouveau-Brunswick	749 900	239 400
PROVINCES DU CENTRE		
Québec	7 397 000	5 802 020
Ontario	11 897 600	509 265
PROVINCES DE L'OUEST		
Manitoba	1 151 300	45 920
Saskatchewan	1 100 000	18 645
Alberta	3 056 700	62 240
Colombie-Britannique	4 078 400	58 891
TERRITOIRES		
Territoire du Yukon	30 100	945
Territoires du Nord-Ouest	40 800	1000
Nunavut	28 100	400

Données fournies par Statistiques Canada pour l'année 2001

a) Combien de francophones trouve-t-on dans les provinces de l'Atlantique ?

Réponse : _____

b) Combien de francophones trouve-t-on dans les provinces de l'Ouest ?

Réponse : _____

c) Combien d'habitants des territoires ne sont pas francophones ?

Réponse : _____

d) Combien de francophones la Saskatchewan compte-t-elle de moins que l'Alberta ?

Réponse : _____

e) Combien de francophones la Colombie-Britannique compte-t-elle de plus que le Manitoba ?

Réponse : _____

Test

3. **Des pêcheurs de crustacés jettent leurs filets chaque jour dans le golf du Saint-Laurent. Le lundi, ils ont attrapé 674 crustacés. Le mardi, ils en ont attrapé 723. Le mercredi, ils en ont attrapé 958. Le jeudi, ils en ont attrapé 46 de plus que le lundi. Le vendredi, ils en ont attrapé 2 fois moins que le mercredi. En moyenne, combien de crustacés les pêcheurs prennent-ils dans leurs filets chaque jour? Arrondis ta réponse à l'unité près.**

Démarche :

Réponse : Les pêcheurs attrapent en moyenne _____ crustacés chaque jour.

4. **Combien existe-t-il de possibilités d'agencer les lettres de chaque mot? Trouve toutes les combinaisons possibles.**

a) GÉO   Possibilités :   _____

Combinaisons : _____

_____

_____

b) MATH Possibilités :   _____

Combinaisons : _____

_____

_____

5. **Ulysse est un conducteur hors pair. Aussi, lorsqu'il se rend au centre-ville, il aime expérimenter de nouveaux itinéraires. À chaque intersection, il doit choisir entre tourner à droite ou à gauche. Si Ulysse croise 5 intersections avant de se rendre à destination...**

a) Quelle est la probabilité qu'il tourne toujours à gauche?

Réponse : _____

b) Quelle est la probabilité qu'il tourne 2 fois à droite et 3 fois à gauche?

Réponse : _____

c) Quelle est la probabilité qu'il tourne 4 fois à droite et 1 fois à gauche?

Réponse : _____

Test

1. **Après avoir payé les comptes, il ne reste souvent plus beaucoup d'argent pour se payer des gâteries. Observe le diagramme circulaire, puis réponds aux questions. Laisse des traces de tes calculs, et arrondis tes réponses à l'unité près.**

Pourcentages des dépenses mensuelles

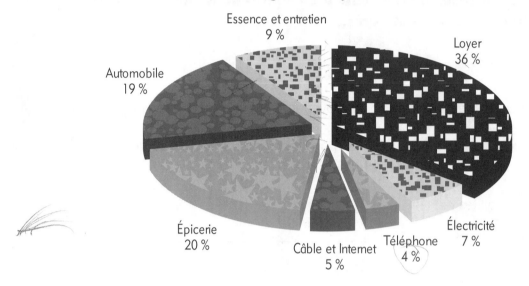

a) Si Claudine gagne un salaire de 37 500 $ par année, combien lui coûte son loyer par mois?

3125 par mois

Réponse : 1,125 $

b) Si Marcel gagne un salaire de 42 900 $ par année, combien lui coûte son automobile par mois?

Par mois = 3575 $

Réponse : 679, 25 $

c) Si Hélène paye 298 $ d'électricité par mois, quel est son salaire annuel?

Réponse : 3838 $

d) Si Emmanuel paye 643 $ d'épicerie par mois, quel est son salaire annuel?

$$\frac{100}{20} \times 643 =$$

Réponse : 38580 $

e) Si Anne-Marie paye 92 $ par mois de téléphone, combien lui en coûte-t-il de câble et de service Internet?

$$\frac{100}{4} \times \frac{25}{92} = salaire = 2300 \$$$

Réponse : 115 $

Exercices

Suren

Probabilité expérimentale
= Nombre d'essais qui produisent
le resultat

2. La cousine de Sarah entamera sous peu ses études universitaires et devra aménager avec l'une de ses copines dans un des appartements de la résidence étudiante. Aussi, elle compare les prix de divers articles dont elle aura besoin avant de les acheter. Observe le tableau, puis réponds aux questions en laissant des traces de tes calculs.

	Magasin A	Magasin B	Magasin C	Magasin D	Magasin E
Vaisselle	35,19 $	24,99 $	18,36 $	37,47 $	28,44 $
Casseroles	78,29 $	64,99 $	69,28 $	72,93 $	57,88 $
Literie	89,75 $	72,99 $	54,77 $	84,54 $	76,33 $
Serviettes	26,37 $	25,99 $	31,55 $	39,82 $	24,77 $
Rideaux	48,54 $	56,99 $	39,96 $	32,39 $	44,44 $
Lampes	38,26 $	35,99 $	18,45 $	24,05 $	39,55 $

a) À combien s'élève la facture au magasin B ? _____

b) À combien s'élève la facture au magasin E ? _____

c) À quel magasin fait-on le plus d'économies ? _____

d) Quel est le prix moyen de la literie ? (au cent près) _____

e) Quel est le prix moyen des rideaux ? (au dollar près) _____

f) Quel est le prix moyen d'un article au magasin A ? (au cent près) _____

Exercices

3. Calcule la moyenne arithmétique de chacun des ensembles de nombres, puis arrondis ta réponse au centième près.

a) 8,7 – 9,4 – 7,8 – 6,9 – 7,3 – 5,6 – 8,5 – 9,2   Moyenne arithmétique : _____

b) 55 – 49 – 63 – 46 – 58 – 70 – 67 – 65 – 54 – 48   Moyenne arithmétique : _____

c) 394 – 437 – 368 – 492 – 385 – 446 – 370 – 423   Moyenne arithmétique : _____

d) 7605 – 7593 – 7642 – 7787 – 7036   Moyenne arithmétique : _____

e) 2,36 – 3,79 – 2,94 – 3,53 – 2,85 – 3,07   Moyenne arithmétique : _____

f) 56,7 – 54,82 – 52,3 – 56 – 53,6 – 51,49   Moyenne arithmétique : _____

4. Dans un questionnaire, on pose 4 questions auxquelles les gens peuvent répondre par oui ou par non.

a) Dans l'encadré, construis le diagramme en arbre de toutes les combinaisons possibles de réponses.

b) Quelle est la probabilité qu'il y ait 2 réponses affirmatives et 2 négatives ?

_____

_____

c) Quelle est la probabilité qu'il y ait 3 réponses affirmatives et 1 négative ?

_____

_____

Exercices

5. Résous les problèmes en laissant des traces de tes calculs.

a) La famille Bolduc compte 7 enfants. Quelle est la probabilité qu'elle soit composée de 2 garçons et de 5 filles ?

Démarche :	Solution :

b) Avec les chiffres 1 à 5, combien de nombres de 3 chiffres peut-on former sans utiliser dans le même nombre deux fois le même chiffre ?

Démarche :	Solution :

c) Des usagers du transport en commun attendent l'autobus : 3 femmes et 1 homme. L'une de ces personnes porte des lunettes, une autre, des gants, et une autre, un chapeau. Quelle est la probabilité que l'homme ne porte aucun de ces accessoires ?

Démarche :	Solution :

d) Quelle est la probabilité de tirer une bille verte dans un sac contenant 15 billes bleues, 9 billes rouges et 8 billes vertes ?

Démarche :	Solution :

Exercices

6. Les voyages en voiture sont souvent longs et ennuyants. Aussi, les jumeaux Pedro et Ricardo passent le temps en jouant à roche-papier-ciseau. Dans l'encadré ci-dessous, dessine toutes les combinaisons possibles.

7. Anaïs et Éliane tirent à pile ou face pour savoir laquelle d'entre elles pourra monter à bord d'un manège très achalandé. La seule condition pour gagner est d'obtenir au moins 3 fois pile en 5 coups. Quelle est la probabilité d'arriver à un tel résultat ? Tu peux construire un diagramme en arbre pour t'aider.

Exercices

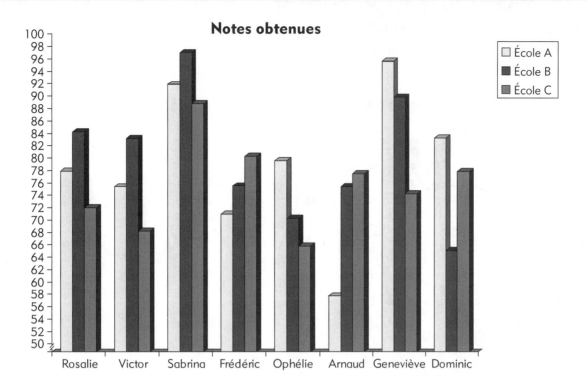

1. Des élèves de 6ᵉ année ont subi l'épreuve d'admission de trois écoles secon-daires privées. Observe le diagramme à bandes, puis réponds aux questions. Laisse des traces de tes calculs et arrondis tes réponses à l'unité près.

a) Quelle est la moyenne arithmétique des résultats obtenus par Victor ?

Réponse : _____

b) Quelle est la moyenne arithmétique des résultats obtenus par Geneviève ?

Réponse : _____

c) Quelle est la moyenne arithmétique des résultats obtenus à l'école A ?

Réponse : _____

d) Quelle est la moyenne arithmétique des résultats obtenus à l'école C ?

Réponse : _____

e) Quelle différence y a-t-il entre la moyenne arithmétique des résultats obtenus par Frédéric et celle des résultats obtenus par Dominic ?

Réponse : _____

Test

2. Lors du dernier recensement, les **5800** habitants d'une petite ville ont été répartis par tranches d'âges. Observe le diagramme en beignet, puis complète le tableau qui suit.

Pourcentage de population par tranches d'âges

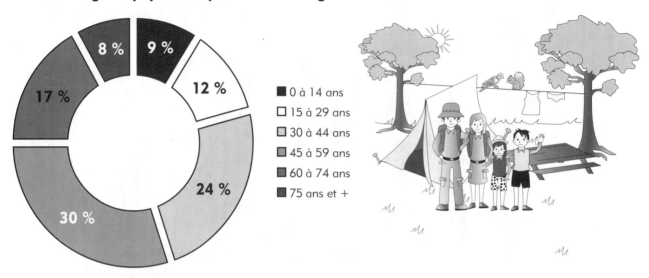

■ 0 à 14 ans
□ 15 à 29 ans
▨ 30 à 44 ans
▨ 45 à 59 ans
■ 60 à 74 ans
■ 75 ans et +

	0 à 14 ans	15 à 29 ans	30 à 44 ans	45 à 59 ans	60 à 74 ans	75 ans et +
Nombre d'habitants	522	696	1392	1740	986	464

3. **Une équipe de hockey se compose de 6 joueurs, dont 3 attaquants, 2 défenseurs et 1 gardien de but. Si 7 joueurs identifiés de A à G se sont présentés à la période d'entraînement, identifie les 6 combinaisons possibles dans lesquelles on retrouve le joueur B.**

Test

1. Les aliments que nous absorbons quotidiennement n'ont pas tous la même valeur nutritive. Complète le diagramme à bandes horizontales à partir des données fournies.

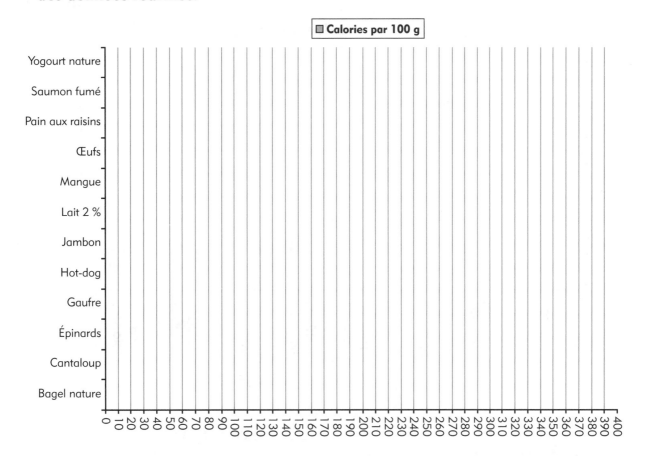

☐ Calories par 100 g

(Axe vertical, de haut en bas : Yogourt nature, Saumon fumé, Pain aux raisins, Œufs, Mangue, Lait 2 %, Jambon, Hot-dog, Gaufre, Épinards, Cantaloup, Bagel nature)

(Axe horizontal : 0, 10, 20, 30, 40, 50, 60, 70, 80, 90, 100, 110, 120, 130, 140, 150, 160, 170, 180, 190, 200, 210, 220, 230, 240, 250, 260, 270, 280, 290, 300, 310, 320, 330, 340, 350, 360, 370, 380, 390, 400)

- La mangue contient 62 calories.
- Le cantaloup contient 215 calories de moins que le saumon fumé.
- Les épinards contiennent 37 calories de moins que la mangue.
- Le pain aux raisins contient 245 calories de plus que les épinards.
- Le saumon fumé contient 118 calories de plus que le jambon.
- La gaufre contient 103 calories de plus que le pain aux raisins.
- Le jambon contient 226 calories de moins que la gaufre.
- Le hot-dog contient 190 calories de plus que le bagel nature.
- Le bagel nature contient 153 calories de plus que le yogourt nature.
- Les œufs contiennent 110 calories de plus que le cantaloup.
- Le yogourt nature contient 103 calories de moins que les œufs.
- Le lait 2 % contient 349 calories de moins que le hot-dog.

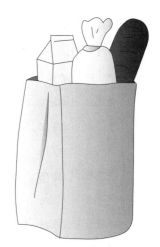

Exercices

2. Deux librairies comparent leurs chiffres de ventes hebdomadaires selon des catégories préétablies. Complète le diagramme à ligne brisée à partir des données fournies.

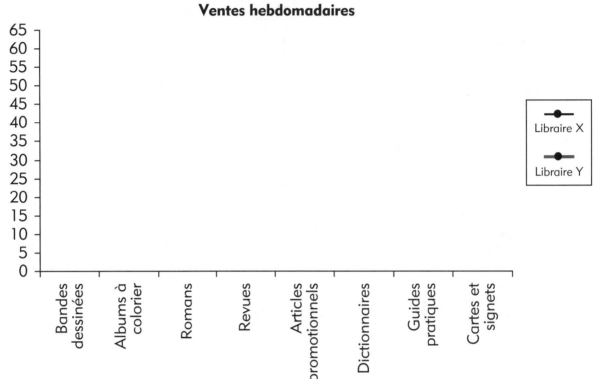

- Le libraire X a vendu 4 bandes dessinées de plus que de dictionnaires.
- Le libraire Y a vendu 28 guides pratiques de plus que de bandes dessinées.
- Le libraire X a vendu 23 guides pratiques de plus que d'albums à colorier.
- Le libraire Y a vendu 36 articles promotionnels de moins que de romans.
- Le libraire X a vendu 59 revues.
- Le libraire Y a vendu 8 dictionnaires de plus que d'articles promotionnels.
- Le libraire X a vendu 34 dictionnaires de moins que de revues.
- Le libraire Y a vendu 9 revues de moins que de guides pratiques.
- Le libraire X a vendu 17 articles promotionnels de moins que de bandes dessinées.
- Le libraire Y a vendu 2 fois moins de cartes et de signets que de revues.
- Le libraire X a vendu 34 albums à colorier de moins que de romans.
- Le libraire Y a vendu 2 albums à colorier de plus que de cartes et de signets.
- Le libraire X a vendu 2 fois plus de cartes et de signets que d'articles promotionnels.
- Le libraire Y a vendu 15 bandes dessinées.
- Le libraire X a vendu 2 fois plus de romans que de cartes et de signets.
- Le libraire Y a vendu 37 romans de plus que d'albums à colorier.

3. Les 20ᵉˢ Jeux olympiques d'été se sont déroulés à Athènes, en Grèce, en août 2004, soit 108 ans après la tenue des premiers jeux de l'ère moderne. Observe le diagramme à pyramides des médailles, puis réponds aux questions.

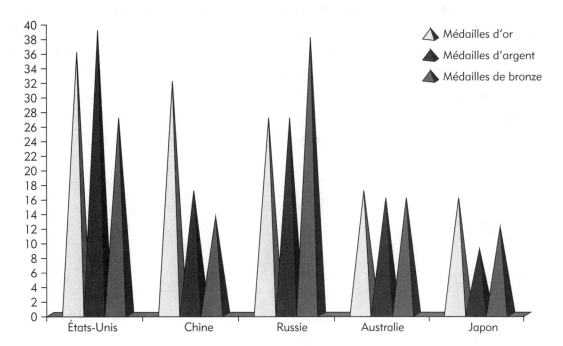

a) Combien de médailles de bronze les athlètes russes ont-ils remportées ?

Réponse : _____

b) Combien de médailles d'argent les athlètes australiens ont-ils remportées ?

Réponse : _____

c) Combien de médailles les athlètes chinois ont-ils remportées ?

Réponse : _____

d) Combien de médailles d'or de moins les athlètes japonais ont-ils remportées comparativement aux athlètes américains ?

Réponse : _____

e) Si la médaille d'or vaut 3 points, celle d'argent vaut 2 points et celle de bronze vaut 1 point, combien de points de plus les athlètes chinois ont-ils cumulés comparativement aux athlètes australiens ?

Réponse : _____

Exercices

4. **Gontran a un surplus de poids et veut s'en débarrasser afin de porter le nouveau pantalon qu'il s'est acheté. Pour ce faire, il doit choisir entre une variété d'aliments, mais disons qu'il ne sait pas toujours faire les bons choix. Fabrique-toi un dé composé de six faces sur lesquelles se retrouvent des images d'aliments (voir le développement ci-dessous). Certains de ces aliments sont bons pour la santé, et d'autres contiennent beaucoup de graisse ou de sucre. Avant de commencer l'exercice, tente de prédire combien de fois tu obtiendras chacun des aliments en 20 essais, ce qui permettra de dire si Gontran maigrira (plus d'aliments sains), maintiendra son poids (autant d'aliments sains que d'aliments malsains) ou prendra davantage de kilos (plus d'aliments malsains).**

Mes prédictions : _____

Lancer	Aliments sains	Aliments malsains
1		
2		
3		
4		
5		
6		
7		
8		
9		
10		
11		
12		
13		
14		
15		
16		
17		
18		
19		
20		

Procède ensuite à l'activité en cochant, pour chaque coup de dé, la case correspondant à la catégorie d'aliments qui a été tirée. À la fin, compte le nombre de crochets pour chaque catégorie, puis vérifie tes prédictions.

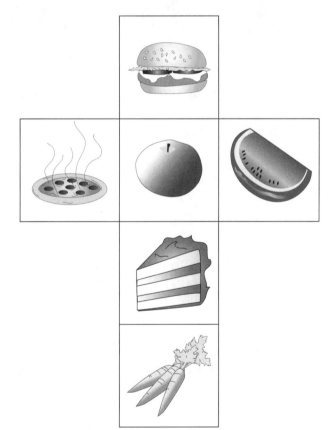

Vérifie tes prédictions et coche la case appropriée :

❏ Mes prédictions se sont avérées exactes.

❏ Mes prédictions ne se sont pas avérées exactes, mais je ne suis pas loin de la réalité.

❏ Mes prédictions ne se sont pas avérées exactes, et je suis loin de la réalité.

CORRIGÉ

1. *Pour écrire les nombres en chiffres, on séparer les milliers, les centaines et les dizaines-unités, puis on additionne les nombres obtenus :*
   a) trois cent huit mille / six cents / cinquante-quatre = 308 654
   b) neuf cent quatre-vingt-douze mille / soixante-dix-sept = 992 077
   c) six cent dix mille / deux cents / vingt-neuf = 610 229
   d) seize mille / treize = 16 013
   e) quatre cent soixante-trois mille / cinq cents / quarante-deux = 463 542
   f) huit cent quatre-vingt-cinq mille / trois cents / soixante et onze = 885 371

2. *Pour trouver la valeur de position d'un chiffre dans un nombre, on élimine les chiffres qui précèdent et on remplace les chiffres qui suivent par des 0.*
   a) 600 b) 900 000 c) 5400 d) 36 400 e) 90 f) 750 000 g) 700 h) 6000

3. *Avant de comparer les nombres, on doit convertir ceux qui sont accompagnés d'exposants. Par exemple : $7^3 = 7 \times 7 \times 7 = 343$. Le symbole < signifie « est plus petit que ». Le symbole > signifie « est plus grand que ». Le symbole = signifie « est égal à ».*
   a) > b) < c) < d) = e) > f) < g) > h) <

4. *L'ordre croissant consiste à placer les nombres du plus petit au plus grand en tenant compte (dans l'ordre) des centaines de mille, des dizaines de mille, des unités de mille, des centaines, des dizaines et des unités.*
   364 007; 370 604; 376 040; 403 670; 403 706; 406 730; 430 076; 470 603; 630 704; 634 070; 637 004; 640 703; 673 040; 700 436; 703 640; 730 064; 736 400; 746 030

5. *Pour écrire les nombres en chiffres romains, on décompose d'abord le nombre. Puis on utilise les nombres de base (I = 1, V = 5, X = 10, L = 50, C = 100, D = 500 et M = 1000) en additionnant (en plaçant le symbole après) ou en soustrayant (en plaçant le symbole avant) et en n'utilisant pas plus de 3 fois le même symbole.*
   a) 3032 = 1000 + 1000 + 1000 + 10 + 10 + 10 + 1 + 1 = MMMXXXII
   b) 2 769 = 1000 + 1000 + 500 + 100 + 100 + 50 + 10 + (10 – 1) = MMDCCLXIX
   c) 1887 = 1000 + 500 + 100 + 100 + 100 + 50 + 10 + 10 + 10 + 5 + 1 + 1 = MDCCCLXXXVII
   d) 3 615 = 1000 + 1000 + 1000 + 500 + 100 + 10 + 5 = MMMDCXV
   e) 3333 = 1000 + 1000 + 1000 + 100 + 100 + 100 + 10 + 10 + 10 + 1 + 1 + 1 = MMMCCCXXXIII
   f) 1524 = 1000 + 500 + 10 + 10 + (5 – 1) = MDXXIV
   g) 2491 = 1000 + 1000 + (500 – 100) + (100 – 10) + 1 = MMCDXCI
   h) 3906 = 1000 + 1000 + 1000 + (1000 – 100) + 5 + 1 = MMMCMVI

6. a) $2 \times 2 \times 2 \times 2 \times 2 \times 2 \times 2 \times 2 = 256$
   b) $3 \times 3 \times 3 \times 3 \times 3 \times 3 \times 3 = 2187$
   c) $4 \times 4 \times 4 \times 4 \times 4 \times 4 = 4096$
   d) $5 \times 5 \times 5 \times 5 = 625$
   e) $6 \times 6 \times 6 \times 6 \times 6 = 7776$
   f) $7 \times 7 \times 7 \times 7 \times 7 = 16 807$
   g) $8 \times 8 \times 8 \times 8 = 4096$
   h) $9 \times 9 \times 9 \times 9 = 6561$

7. *Pour compléter les suites, on effectue les bonds en respectant la règle. Par exemple : 23 784 + 5 = 23 789 ; 23 789 + 5 = 23 794 ; 23 794 + 5 = 23 799 ; 23 799 + 5 = 23 804 ; 23 804 + 5 = 23 809 ; etc.*
   a) (+5) 23 804, 23 809, 23 814, 23 819
   b) (–8) 45 804, 45 796, 45 788, 45 780
   c) (+7, –4) 62 547, 62 554, 62 550, 62 557
   d) (+6, +3) 34 288, 34 294, 34 297, 34 303
   e) (–9, –3) 69 984, 69 975, 69 972, 69 963
   f) (+1, +2, +3...) 285 476, 285 481, 285 487, 285 494
   g) (–100) 519 289, 519 189, 519 089, 518 989
   h) (+2000) 329 465, 331 465, 333 465, 335 465
   i) (–1000, +500) 878 942, 877 942, 878 442, 877 442
   j) (+11) 458 440, 458 451, 458 462, 458 473

1. *Pour arrondir à l'unité de mille près, on observe le chiffre qui se situe à la position des centaines, soit le 3e chiffre en partant de la droite vers la gauche. Si ce chiffre est égal à 0, 1, 2, 3 ou 4, le chiffre des unités de mille reste le même, et on remplace tous les chiffres qui suivent par des 0. Si ce chiffre est égal à 5, 6, 7, 8 ou 9, on ajoute 1 au chiffre des unités de mille, et on remplace tous les chiffres qui suivent des 0. Pour arrondir à la centaine près, on observe le chiffre qui se situe à la position des dizaines, soit le 2e chiffre en partant de la droite vers la gauche. Si ce chiffre est égal à 0, 1, 2, 3 ou 4, le chiffre des centaines reste le même, et on remplace tous les chiffres qui suivent par des 0. Si ce chiffre est égal à 5, 6, 7, 8 ou 9, on ajoute 1 au chiffre des centaines, et on remplace tous les chiffres qui suivent par 0. Pour arrondir à la dizaine près, on observe le chiffre qui se situe à la position des unités, soit le chiffre de droite. Si ce chiffre est égal à 0, 1, 2, 3 ou 4, le chiffre des dizaines reste le même, et on remplace le chiffre qui suit par 0. Si ce chiffre est égal à 5, 6, 7, 8 ou 9, on ajoute 1 au chiffre des dizaines, et on remplace le chiffre qui suit par 0.*
   a) $8^4 = 8 \times 8 \times 8 \times 8 = 4096$
   b) $3^7 = 3 \times 3 \times 3 \times 3 \times 3 \times 3 \times 3 = 2187$
   c) $5^5 = 5 \times 5 \times 5 \times 5 \times 5 = 3125$
   d) $7^4 = 7 \times 7 \times 7 \times 7 = 2401$
   e) $6^5 = 6 \times 6 \times 6 \times 6 \times 6 = 7776$

	À l'unité de mille près	À la centaine près	À la dizaine près
a) 8^4	4000	4100	4100
b) 3^7	2000	2200	2190
c) 5^5	3000	3100	3130
d) 7^4	2000	2400	2400
e) 6^5	8000	7800	7780

2. *Pour transformer les nombres en chiffres arabes lorsqu'ils sont écrits en chiffres romains, on doit d'abord décomposer le nombre. Puis on part des nombres de base (I = 1, V = 5, X = 10, L = 50, C = 100, D = 500 et M = 1000) en additionnant (lorsque le symbole est placé après) ou en soustrayant (lorsque le symbole est placé avant).*
   a) 1000 + 1000 + (500 – 100) + 10 + 10 + 5 = 2425
   b) 1000 + 1000 + 1000 + 100 + 100 + 100 + (50 – 10) + (5 – 1) = 3344
   c) 500 + 100 + 100 + 10 + 10 + 10 + 1 = 731
   d) (1000 – 100) + 50 + 5 + 1 + 1 + 1 = 958
   e) 1000 + 500 + 100 + 100 + 100 + (100 – 10) = 1890
   f) 1000 + 1 000 + (1000 – 100) + 50 + 10 + 5 + 1 = 2966

3. *L'ordre décroissant consiste à placer les nombres du plus grand au plus petit en tenant compte (dans l'ordre) des centaines de mille, des dizaines de mille, des unités de mille, des centaines, des dizaines et des unités.*
   958 420 km; 924 508 km; 905 248 km; 895 024 km; 890 542 km; 854 209 km; 849 502 km; 820 495 km; 598 042 km; 584 209 km; 528 940 km; 520 498 km; 489 052 km; 480 925 km; 428 590 km; 409 852 km; 294 805 km; 259 408 km

4. *Pour écrire les nombres en lettres, on les décompose en centaines de mille, en dizaines/unités de mille, en centaines et en dizaines/unités. Par exemple : 748 313 = 700 000 + 48 000 + 300 + 13 = sept cents + quarante-huit mille + trois cents + treize. Les nombres composés inférieurs à 100 qui ne se terminent pas par 1, sauf 81 et 91, prennent un trait d'union (p. ex. : quatre-vingt-dix-huit), les nombres composés supérieurs à 100 ne prennent pas de trait d'union, sauf leur partie comprise entre 1 et 99 (p. ex. : cinq mille six cent cinquante-quatre), on ajoute « et » lorsqu'un nombre se termine par 1, sauf 81 et 91 (p. ex. : soixante et un); les nombres 20 et 100 prennent la marque du pluriel lorsqu'ils sont multipliés et qu'ils ne sont pas suivis d'un autre nombre (p. ex. : quatre-vingts, quatre-vingt-un, six cents, six cent un), sauf s'il s'agit de millier, million et milliard (p. ex. : quatre-vingts milliers, sept cents millions), et le nombre 1000 est toujours invariable (p. ex. : trente-trois mille).*
   a) sept cent quarante-huit mille trois cent treize
   b) deux cent soixante-seize mille cinq cent soixante-quinze
   c) quatre cent quatre-vingt-dix mille soixante-sept
   d) cinq cent trois mille quatre cent quatre-vingt-douze
   e) huit cent quatre-vingt-huit mille neuf cent trente-six
   f) trois cent vingt-sept mille huit cent cinquante et un
   g) neuf cent mille dix-neuf

Page 10

5. *La position des dizaines de mille correspond au 5ᵉ chiffre du nombre en partant de la droite vers la gauche. La position des unités de mille correspond au 4ᵉ chiffre du nombre en partant de la droite vers la gauche. La position des centaines correspond au 3ᵉ chiffre du nombre en partant de la droite vers la gauche. La position des unités correspond au chiffre de droite.*

Nombres coloriés en bleu : 572 164; 976 521; 573 928; 272 973; 371 594; 278 592; 678 798; 173 589; 975 083; 874 328; 375 394; 371 983; 174 592; 774 518; 370 941; 976 619; 173 336; 374 337; 573 999; 371 592; 276 558; 773 849; 272 924; 571 060; 877 777; 674 553

Nombres coloriés en rouge : 659 567; 819 340; 459 572; 769 892; 869 364; 289 236; 829 176; 539 587; 959 526; 609 170; 969 306; 689 884; 739 347; 519 651; 529 294; 559 758; 849 342; 289 974; 189 362; 549 007; 689 987; 159 543; 189 834; 129 642; 309 693; 219 536

Nombres coloriés en vert : 541 498; 298 468; 716 469; 517 469; 163 482; 727 423; 334 428; 645 450; 425 489; 862 499; 952 427; 826 469; 761 460; 605 453; 291 482; 831 458; 963 413; 288 451; 491 469; 835 406

Nombres coloriés en mauve : 134 115; 608 795; 300 675; 486 135; 326 165; 303 235; 426 545; 464 885; 433 275; 592 525; 454 215; 182 385; 812 825; 943 565; 245 305; 488 045; 425 175; 194 785; 758 135; 926 625; 144 895; 753 245; 562 375

Le nombre mystère est 713 352.

6. *Les nombres impairs sont les nombres qui se terminent par 1, 3, 5, 7 et 9.*
458 077; 458 079; 458 081; 458 085; 458 087; 458 089; 458 091; 458 095; 458 097; 458 099; 458 101; 458 105; 458 107; 458 109; 458 111; 458 115; 458 117; 458 119; 458 121; 458 125; 458 127; 458 129; 458 131; 458 135

7. *Les nombres pairs sont les nombres qui se terminent par 0, 2, 4, 6 et 8.*
729 990; 729 992; 729 994; 729 996; 730 000; 730 002; 730 004; 730 006; 730 010; 730 012; 730 014; 730 016; 730 020; 730 022; 730 024; 730 026; 730 030; 730 032; 730 034; 730 036; 730 040; 730 042; 730 044; 730 046; 730 050

Page 11

8. *On doit calculer la différence entre les nombres qui se suivent pour trouver la règle. Si le nombre qui précède est plus grand, la règle est liée à la soustraction ou à la division, et si le nombre qui précède est plus petit, la règle est liée à l'addition ou à la multiplication. Aussi, avant d'effectuer ses calculs, on doit transformer les nombres avec exposants en nombres entiers.*
a) Règle : +6   76, 82, 88, 94
$4^3 = 4 \times 4 \times 4 = 64$
b) Règle : x2   400, 800, 1600, 3200
$5^2 = 5 \times 5 = 25$
$10^2 = 10 \times 10 = 100$
c) Règle : +13   282, 295, 308, 321
$3^5 = 3 \times 3 \times 3 \times 3 \times 3 = 243$
$2^8 = 2 \times 2 \times 2 \times 2 \times 2 \times 2 \times 2 \times 2 = 256$
d) Règle : –50   193, 143, 93, 43
$7^3 = 7 \times 7 \times 7 = 343$
$3^5 = 3 \times 3 \times 3 \times 3 \times 3 = 243$
e) Règle : +6; –2   264, 270, 268, 274
$4^4 = 4 \times 4 \times 4 \times 4 = 256$
f) Règle : ÷2   32, 16, 8, 4
$2^9 = 2 \times 2 \times 2 \times 2 \times 2 \times 2 \times 2 \times 2 \times 2 = 512$
$4^4 = 4 \times 4 \times 4 \times 4 = 256$
$2^7 = 2 \times 2 \times 2 \times 2 \times 2 \times 2 \times 2 = 128$
$8^2 = 8 \times 8 = 64$

9. *On replace les termes de l'addition dans l'ordre suivant pour recomposer chaque nombre : centaines de mille + dizaines de mille + unités de mille + centaines + dizaines + unités.*
a) 238 456 b) 68 100 c) 301 049 d) 972 054
e) 40 083 f) 427 175 g) 860 930 h) 537 443

TEST 1.1
Page 12

1. *Pour décomposer un nombre, on doit représenter la somme de ses termes en base 10 (en d'autres mots, séparer les centaines de mille, les dizaines de mille, les unités de mille, les centaines, les dizaines et les unités).*
a) 600 000 + 30 000 + 8000 + 200 + 70 + 4 et 6 c de m + 3 d de m + 8 u de m + 2 c + 7 d + 4 u
b) 500 000 + 90 000 + 100 + 20 + 8 et 5 c de m + 9 d de m + 1 c + 2 d + 8 u
c) 800 000 + 20 000 + 4000 + 300 + 30 + 5 et 8 c de m + 2 d de m + 4 u de m + 3 c + 3 d + 5 u
d) 400 000 + 60 000 + 3000 + 800 + 60 + 2 et 4 c de m + 6 d de m + 3 u de m + 8 c + 6 d + 2 u
e) 100 000 + 70 000 + 5000 + 400 + 80 + 3 et 1 c de m + 7 d de m + 5 u de m + 4 c + 8 d + 3 u

2. *Pour arrondir à la centaine de mille près, on observe le chiffre qui se situe à la position des dizaines de mille, soit le 5ᵉ chiffre en partant de la droite vers la gauche. Si ce chiffre est égal à 0, 1, 2, 3 ou 4, le chiffre des centaines de mille reste le même, et on remplace tous les chiffres qui suivent par des 0. Si ce chiffre est égal à 5, 6, 7, 8 ou 9, on ajoute 1 au chiffre des centaines de mille, et on remplace tous les chiffres qui suivent par des 0. Pour arrondir à la dizaine de mille près, on observe le chiffre qui se situe à la position des unités de mille, soit le 4ᵉ chiffre en partant de la droite vers la gauche. Si ce chiffre est égal à 0, 1, 2, 3 ou 4, le chiffre des dizaines de mille reste le même, et on remplace tous les chiffres qui suivent par des 0. Si ce chiffre est égal à 5, 6, 7, 8 ou 9, on ajoute 1 au chiffre des dizaines de mille, et on remplace tous les chiffres qui suivent par 0. Pour arrondir à la centaine près, on observe le chiffre qui se situe à la position des dizaines, soit le 2ᵉ chiffre en partant de la droite vers la gauche. Si ce chiffre est égal à 0, 1, 2, 3 ou 4, le chiffre des centaines reste le même, et on remplace tous les chiffres qui suivent par des 0. Si ce chiffre est égal à 5, 6, 7, 8 ou 9, on ajoute 1 au chiffre des centaines, et on remplace tous les chiffres qui suivent par 0. Pour arrondir à la dizaine près, on observe le chiffre qui se situe à la position des unités, soit le chiffre de droite. Si ce chiffre est égal à 0, 1, 2, 3 ou 4, le chiffre des dizaines reste le même, et on remplace le chiffre qui suit par 0. Si ce chiffre est égal à 5, 6, 7, 8 ou 9, on ajoute 1 au chiffre des dizaines, et on remplace le chiffre qui suit par 0.*

	À la centaine de mille près	À la dizaine de mille près	À la centaine près	À la dizaine près
a) 374 692	400 000	370 000	374 700	374 690
b) 236 273	200 000	240 000	236 300	236 270
c) 582 439	600 000	580 000	582 400	582 440
d) 908 914	900 000	910 000	908 900	908 910
e) 775 527	800 000	780 000	775 500	775 530

3. *Avant de comparer les nombres entre eux, on doit trouver leur valeur. Le symbole < signifie « est plus petit que ». Le symbole > signifie « est plus grand que ». Le symbole = signifie « est égal à ».*
a) $2^5 = 2 \times 2 \times 2 \times 2 \times 2 = \underline{32}$ > $5^2 = 5 \times 5 = \underline{25}$
b) $5^3 = 5 \times 5 \times 5 = \underline{125}$ < $3^5 = 3 \times 3 \times 3 \times 3 \times 3 = \underline{243}$
c) $\sqrt{256} = \underline{16}$ < $4^3 = 4 \times 4 \times 4 = \underline{64}$
d) $3^4 = 3 \times 3 \times 3 \times 3 = \underline{81}$ > $4^3 = 4 \times 4 \times 4 = \underline{64}$
e) $8^2 = 8 \times 8 = \underline{64}$ < $2^8 = 2 \times 2 \times 2 \times 2 \times 2 \times 2 \times 2 \times 2 = \underline{256}$
f) $7^2 = 7 \times 7 = \underline{49}$ < $6^3 = 6 \times 6 \times 6 = \underline{216}$
g) $9^2 = 9 \times 9 = \underline{81}$ < $2^9 = 2 \times 2 \times 2 \times 2 \times 2 \times 2 \times 2 \times 2 \times 2 = \underline{512}$
h) $3^4 = 3 \times 3 \times 3 \times 3 = \underline{81}$ = $9^2 = 9 \times 9 = \underline{81}$
i) $3^4 = 3 \times 3 \times 3 \times 3 = \underline{81}$ > $8^2 = 8 \times 8 = \underline{64}$
j) $\sqrt{9} = \underline{3}$ > $0^3 = 0 \times 0 \times 0 = \underline{0}$
k) $4^3 = 4 \times 4 \times 4 = \underline{64}$ = $8^2 = 8 \times 8 = \underline{64}$
l) $7^4 = 7 \times 7 \times 7 \times 7 = \underline{2\,401}$ > $9^3 = 9 \times 9 \times 9 = \underline{729}$

EXERCICES 2
Page 13

1. *La racine carrée d'un nombre donné correspond à un nombre qui, multiplié par lui-même, donne le nombre donné.*
a) $8 \times 8 = 64$ → $\sqrt{64} = 8$
b) $10 \times 10 = 100$ → $\sqrt{100} = 10$
c) $12 \times 12 = 144$ → $\sqrt{144} = 12$
d) $15 \times 15 = 225$ → $\sqrt{225} = 15$
e) $18 \times 18 = 324$ → $\sqrt{324} = 18$

f) $11 \times 11 = 121 \rightarrow \sqrt{121} = 11$

g) $20 \times 20 = 400 \rightarrow \sqrt{400} = 20$

h) $25 \times 25 = 625 \rightarrow \sqrt{625} = 25$

i) $17 \times 17 = 289 \rightarrow \sqrt{289} = 17$

2. *Voir page 11, n° 8.*

a) Règle : +8   57, 65, 73, 81
$5^2 = 5 \times 5 = 25$ $7^2 = 7 \times 7 = 49$

b) Règle : –16   665, 649, 633, 617
$9^3 = 9 \times 9 \times 9 = 729$

c) Règle : +10, –5   40, 50, 45, 55
$\sqrt{900} = 30$

d) Règle : x4, ÷2   32, 128, 64, 256
$2^3 = 2 \times 2 \times 2 = 8$ $\sqrt{256} = 16$ $4^3 = 4 \times 4 \times 4 = 64$

e) Règle : x3, –10   77, 231, 221, 663
$\sqrt{169} = 13$

f) Règle : –250   9000, 8750, 8500, 8250
$10^4 = 10 \times 10 \times 10 \times 10 = 10\ 000$

3. *Les nombres pairs se terminent par 0, 2, 4, 6 et 8. Avant de trouver ce qui vient avant et ce qui vient après, on doit trouver la valeur de chaque nombre, si nécessaire.*

a) 24, 27 $5^2 = 5 \times 5 = 25$

b) 20, 23 $\sqrt{484} = 22$

c) 672, 675   673

d) 8, 11 $\sqrt{81} = 9$

e) 728, 731 $9^3 = 9 \times 9 \times 9 = 729$

f) 1518, 1521   1520

g) 30, 33 $2^5 = 2 \times 2 \times 2 \times 2 \times 2 = 32$

h) 4798, 4801   4 799

i) 12, 15 $\sqrt{196} = 14$

Page 14

4. *L'ordre croissant consiste à placer les nombres du plus petit au plus grand. Avant de relier les nombres, on doit trouver leur valeur. Les nombres pairs se terminent par 0, 2, 4, 6 et 8.*

$3^4 = 3 \times 3 \times 3 \times 3 = 81$ $8^3 = 8 \times 8 \times 8 = 512$

$5^2 = 5 \times 5 = 25$ $4^4 = 4 \times 4 \times 4 \times 4 = 256$

$7^2 = 7 \times 7 = 49$ $10^3 = 10 \times 10 \times 10 = 1000$

$3^2 = 3 \times 3 = 9$ $9^1 = 9$

$3^3 = 3 \times 3 \times 3 = 27$ $4^5 = 4 \times 4 \times 4 \times 4 \times 4 = 1024$

$6^4 = 6 \times 6 \times 6 \times 6 = 1296$ $2^7 = 2 \times 2 \times 2 \times 2 \times 2 \times 2 \times 2 = 128$

$7^4 = 7 \times 7 \times 7 \times 7 = 2401$ $5^3 = 5 \times 5 \times 5 = 125$

$10^2 = 10 \times 10 = 100$ $3^6 = 3 \times 3 \times 3 \times 3 \times 3 \times 3 = 729$

$9^2 = 9 \times 9 = 81$ $6^1 = 6$

$2^3 = 2 \times 2 \times 2 = 8$ $8^2 = 8 \times 8 = 64$

$7^3 = 7 \times 7 \times 7 = 343$ $9^3 = 9 \times 9 \times 9 = 729$

$3^4 = 3 \times 3 \times 3 \times 3 = 81$ $4^2 = 4 \times 4 = 16$

$6^2 = 6 \times 6 = 36$ $5^4 = 5 \times 5 \times 5 \times 5 = 625$

$3^5 = 3 \times 3 \times 3 \times 3 \times 3 = 243$ $7^5 = 7 \times 7 \times 7 \times 7 \times 7 = 16\ 807$

$5^5 = 5 \times 5 \times 5 \times 5 \times 5 = 3125$ $9^4 = 9 \times 9 \times 9 \times 9 = 6591$

•3^4 •390   •8^3 •672   •900   •5^2

•138   •4^4 •79   •7^2 •10^3 •3^2

•9^1 •146   •3^3 •127   •4^5 •841

•885   •29   •2^7 •6   •5^3 •7^4

•3^6 •123   •10^2 •6^1 •9^2 •255

•459   •65   •8^2 •2^3 •573   •703

•9^3 •7^3 •58   •4^2 •3^4 •609

•5^4 •327   •6^2 •24   •343   •7^5

•711   •3^5 •951   •9^4 •527   •5^5

Réponse :
L'outil de jardinage qui manque à Edgar est une bêche (ou une pelle).

Page 15

5. *L'ordre décroissant consiste à placer les nombres du plus grand au plus petit. On doit d'abord trouver la valeur de chaque nombre avec exposant.*

$7^2 = 7 \times 7 = 49$ $5^3 = 5 \times 5 \times 5 = 125$

$4^3 = 4 \times 4 \times 4 = 64$ $3^4 = 3 \times 3 \times 3 \times 3 = 81$

$2^7 = 2 \times 2 \times 2 \times 2 \times 2 \times 2 \times 2 = 128$

L'illustration doit tenir compte des informations suivantes : chêne (128 cm), pin (125 cm), érable (81 cm), peuplier (64 cm), bouleau (49 cm).

6. *L'ordre croissant consiste à placer les nombres du plus petit au plus grand. On doit d'abord trouver la valeur de chaque nombre avec exposant.*

$6^3 = 6 \times 6 \times 6 = 216$ $3^6 = 3 \times 3 \times 3 \times 3 \times 3 \times 3 = 729$

$4^3 = 4 \times 4 \times 4 = 64$ $7^4 = 7 \times 7 \times 7 \times 7 = 2\ 401$

$8^5 = 8 \times 8 \times 8 \times 8 \times 8 = 32\ 768$

dauphin clymène (64 kg), calmar géant (216 kg), requin-tigre (729 kg), requin blanc (2401 kg), rorqual à bosse (32 768 kg)

7. *Pour trouver quels amis possèdent le même nombre de timbres, on doit trouver la valeur de chaque nombre avec exposant.*

$4^4 = 4 \times 4 \times 4 \times 4 = 256$ $3^5 = 3 \times 3 \times 3 \times 3 \times 3 = 243$

$6^3 = 6 \times 6 \times 6 = 216$ $5^4 = 5 \times 5 \times 5 \times 5 = 625$

$2^8 = 2 \times 2 \times 2 \times 2 \times 2 \times 2 \times 2 \times 2 = 256$

Marc et Geneviève possèdent le même nombre de timbres-poste dans leur collection (256).

TEST 2
Page 16

1. *Pour représenter chaque fraction, on encercle le nombre de fourmis indiqué par le numérateur (terme du haut) chaque fois qu'on compte le nombre de fourmis indiqué par le dénominateur (terme du bas). Par exemple, pour $\frac{3}{7}$, on doit encercler 3 fourmis chaque fois qu'on en compte 7. On encercle donc 9 fourmis sur 21.*
a) Encercler 9 fourmis. b) Encercler 8 fourmis. c) Encercler 4 fourmis. d) Encercler 15 fourmis. e) Encercler 12 fourmis.
f) Encercler 10 fourmis.

2. *Pour représenter chaque fraction, on colorie le nombre de parties indiqué par le numérateur (terme du haut) chaque fois qu'on compte le nombre de parties indiqué par le dénominateur (terme du bas). Par exemple, pour $\frac{3}{4}$, on doit colorier 3 parties chaque fois qu'on en compte 4. On colorie donc 15 parties sur 20.*
a) Colorier 10 autres parties. b) Colorier 7 autres parties.
c) Colorier 3 autres parties. d) Colorier 7 autres parties.
e) Colorier 10 autres parties. f) Colorier 1 autre partie.

3. *Avant de comparer deux fractions, on transforme d'abord chaque fraction afin que son dénominateur soit le plus petit commun multiple aux deux dénominateurs. Par exemple, pour comparer $\frac{2}{3}$ et $\frac{3}{7}$, on doit trouver le plus petit commun multiple de 3 et de 7. Il s'agit de 21. On multiplie le numérateur et le dénominateur par le nombre obtenu en divisant 21 par le dénominateur des fractions originales ($21 \div 3 = 7 \rightarrow 2 \times 7 = 14 \rightarrow \frac{2}{3} = \frac{14}{21}$ et $21 \div 7 = 3 \rightarrow 3 \times 3 = 9 \rightarrow \frac{3}{7} = \frac{9}{21}$). Donc, $\frac{2}{3}$ est plus grand que $\frac{3}{7}$. Le symbole < signifie « est plus petit que ». Le symbole > signifie « est plus grand que ». Le symbole = signifie « est égal à ».*
a) $\frac{14}{21} > \frac{9}{21}$ b) $\frac{25}{30} < \frac{27}{30}$ c) $\frac{5}{20} < \frac{8}{20}$ d) $\frac{45}{72} > \frac{32}{72}$ e) $\frac{6}{9} = \frac{6}{9}$
f) $\frac{6}{8} = \frac{6}{8}$ g) $\frac{12}{21} > \frac{7}{21}$ h) $\frac{10}{12} > \frac{9}{12}$ i) $\frac{14}{63} < \frac{36}{63}$

4. *L'ordre décroissant consiste à placer les nombres du plus grand au plus petit. Habituellement, avant de placer des fractions dans l'ordre décroissant, on doit d'abord transformer chacune d'entre elles afin que son dénominateur soit le plus petit commun multiple aux deux dénominateurs. Mais ici, le plus petit commun multiple est supérieur à 100. Alors, on doit transformer les fractions en nombres décimaux. Pour ce faire, on divise le numérateur par le dénominateur.*

$\frac{5}{6} = 0,833...$ $\frac{2}{9} = 0,222...$ $\frac{3}{5} = 0,6$ $\frac{3}{8} = 0,375$

$\frac{1}{2} = 0,5$ $\frac{7}{8} = 0,875$ $\frac{3}{4} = 0,75$ $\frac{2}{3} = 0,666...$

$\frac{4}{7} = 0,571...$ $\frac{5}{9} = 0,555...$ $\frac{2}{7} = 0,285...$ $\frac{1}{5} = 0,2$

$\frac{7}{8}, \frac{5}{6}, \frac{3}{4}, \frac{2}{3}, \frac{3}{5}, \frac{4}{7}, \frac{5}{9}, \frac{1}{2}, \frac{3}{8}, \frac{2}{7}, \frac{2}{9}, \frac{1}{5}$

Page 17

5. *Pour réduire une fraction à sa plus simple expression, on doit diviser le numérateur et le dénominateur par leur plus grand commun diviseur. $\frac{10}{14}$ devient $\frac{5}{7}$ lorsqu'on divise le numérateur et le dénominateur par 2.*

a) $\frac{5}{7}$ b) $\frac{1}{3}$ c) $\frac{4}{5}$ d) $\frac{3}{8}$ e) $\frac{3}{5}$ f) $\frac{3}{5}$

g) $\frac{2}{3}$ h) $\frac{5}{9}$ i) $\frac{9}{10}$ j) $\frac{1}{5}$ k) $\frac{1}{4}$ l) $\frac{2}{3}$

6. *Les fractions irréductibles sont celles qui ne peuvent pas être réduites davantage parce que leur numérateur et leur dénominateur ne comportent pas de plus grand commun diviseur. $\frac{28}{70}$ devient $\frac{2}{5}$ lorsqu'on divise le numérateur et le dénominateur par 14 ; cette fraction est réductible. Dans $\frac{23}{50}$, on ne peut pas diviser le numérateur et le dénominateur par le même nombre ; il s'agit d'une fraction irréductible.*
Encercler les fractions suivantes :
$$\frac{27}{40}, \frac{23}{50}, \frac{9}{13}, \frac{41}{60}, \frac{40}{63}, \frac{12}{37}, \frac{6}{77}, \frac{15}{28}, \frac{21}{46}$$

7. *Pour transformer une fraction en nombre fractionnaire, on doit d'abord diviser le numérateur par le dénominateur ($\frac{7}{5} \rightarrow 7 \div 5 = 1$ reste 2). Le quotient devient le nombre entier et le reste devient le numérateur à placer au-dessus du dénominateur de départ (1 et $\frac{2}{5} = 1\frac{2}{5}$).*

a) $1\frac{2}{5}$ b) $2\frac{1}{4}$ c) $2\frac{1}{2}$ d) $2\frac{1}{6}$ e) $2\frac{2}{3}$ f) $1\frac{3}{8}$

g) $1\frac{1}{2}$ h) $1\frac{1}{3}$ i) $1\frac{3}{7}$ j) $4\frac{2}{5}$ k) $3\frac{3}{7}$ l) $8\frac{1}{4}$

8. *Les fractions irréductibles sont celles qui ne peuvent pas être réduites davantage parce que leur numérateur et leur dénominateur ne comportent pas de plus grand commun diviseur (PGCD). $\frac{5}{15}$ devient $\frac{1}{3}$ lorsqu'on divise le numérateur et le dénominateur par 5 ; cette fraction est réductible. Dans $\frac{7}{13}$, on ne peut pas diviser le numérateur et le dénominateur par le même nombre ; il s'agit d'une fraction irréductible. Pour transformer un pourcentage en fraction, il suffit de mettre le nombre sur 100 et de simplifier la fraction.*

a) $\frac{25}{100} \rightarrow$ PGCD = 25 $\rightarrow \frac{1}{4}$ b) $\frac{10}{100} \rightarrow$ PGCD = 10 $\rightarrow \frac{1}{10}$

c) $\frac{45}{100} \rightarrow$ PGCD = 5 $\rightarrow \frac{9}{20}$ d) $\frac{60}{100} \rightarrow$ PGCD = 20 $\rightarrow \frac{3}{5}$

e) $\frac{12}{100} \rightarrow$ PGCD = 4 $\rightarrow \frac{3}{25}$ f) $\frac{36}{100} \rightarrow$ PGCD = 4 $\rightarrow \frac{9}{25}$

g) $\frac{55}{100} \rightarrow$ PGCD = 5 $\rightarrow \frac{11}{20}$ h) $\frac{72}{100} \rightarrow$ PGCD = 4 $\rightarrow \frac{18}{25}$

i) $\frac{24}{100} \rightarrow$ PGCD = 4 $\rightarrow \frac{6}{25}$ j) $\frac{80}{100} \rightarrow$ PGCD = 20 $\rightarrow \frac{4}{5}$

k) $\frac{64}{100} \rightarrow$ PGCD = 4 $\rightarrow \frac{16}{25}$ l) $\frac{50}{100} \rightarrow$ PGCD = 50 $\rightarrow \frac{1}{2}$

9. *Pour trouver des fractions équivalentes, on doit multiplier le numérateur et le dénominateur par le même nombre. Par exemple :*
$\frac{3}{8} \times \frac{2}{2} = \frac{6}{16}$; $\frac{3}{8} \times \frac{3}{3} = \frac{9}{24}$; $\frac{3}{8} \times \frac{4}{4} = \frac{12}{32}$; $\frac{3}{8} \times \frac{5}{5} = \frac{15}{40}$, etc.

a) $\frac{21}{56}$ b) $\frac{15}{21}$ c) $\frac{20}{45}$ d) $\frac{6}{15}$ e) $\frac{9}{27}$

EXERCICES 1
Page 18

1. *L'ordre croissant consiste à placer les nombres du plus petit au plus grand. Avant de relier les fractions entre elles, on doit ramener sur 100 celles qui ne le sont pas. Voir page 16, n° 3.*

$\frac{4}{25} = \frac{16}{100}$ $\frac{11}{50} = \frac{22}{100}$ $\frac{1}{10} = \frac{10}{100}$ $\frac{1}{25} = \frac{4}{100}$ $\frac{2}{25} = \frac{8}{100}$

$\frac{3}{50} = \frac{6}{100}$ $\frac{3}{25} = \frac{12}{100}$ $\frac{7}{50} = \frac{14}{100}$ $\frac{3}{20} = \frac{15}{100}$ $\frac{9}{50} = \frac{18}{100}$

$\frac{1}{5} = \frac{20}{100}$ $\frac{6}{25} = \frac{24}{100}$ $\frac{1}{50} = \frac{5}{100}$ $\frac{1}{50} = \frac{2}{100}$ $\frac{8}{25} = \frac{32}{100}$

$\frac{1}{4} = \frac{25}{100}$ $\frac{13}{50} = \frac{26}{100}$ $\frac{3}{10} = \frac{30}{100}$ $\frac{7}{25} = \frac{29}{100}$

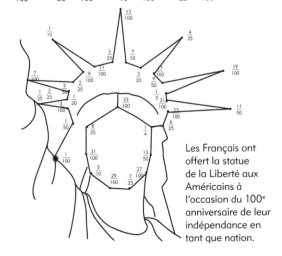

Les Français ont offert la statue de la Liberté aux Américains à l'occasion du 100ᵉ anniversaire de leur indépendance en tant que nation.

2. *Voir page 16, n° 1.*
a) Encercler 24 étoiles. b) Encercler 6 nuages. c) Encercler 20 soleils. d) Encercler 20 éclairs. e) Encercler 18 lunes. f) Encercler 12 arcs-en-ciel.

3. *Avant de former des couples, on transforme d'abord les fractions en pourcentages. Pour ce faire, on divise le numérateur par le dénominateur. Pour transformer un nombre fractionnaire en fraction, on doit multiplier le nombre entier par le dénominateur et additionner le numérateur.*

a) $\frac{7}{25}$ b) $\frac{11}{20}$ c) $2\frac{3}{4}$ d) $\frac{8}{25}$ e) $3\frac{7}{10}$ f) $\frac{7}{50}$

g) $\frac{3}{5}$ h) $\frac{18}{25}$ i) $1\frac{1}{2}$ j) $\frac{2}{5}$ k) $\frac{9}{20}$ l) $\frac{7}{20}$

TEST 2.1
Page 20

1. *Avant de comparer les fractions aux pourcentages, on transforme d'abord les fractions en pourcentages en divisant le numérateur par le dénominateur, puis en transformant le nombre décimal obtenu en pourcentage.*
a) 78 % > 75 %   b) 17 % < 18 %   c) 63 % < 65 %
d) 60 % > 58 %   e) 40 % = 40 %   f) 56 % > 52 %
g) 65 % = 65 %   h) 27,7 % < 28 %   i) 12 % = 12 %

2. *Voir page 17, n° 5.*
a) $\frac{1}{3}$ b) $\frac{2}{9}$ c) $\frac{3}{10}$ d) $\frac{9}{22}$ e) $\frac{5}{17}$ f) $\frac{1}{18}$

3. *Les grenadiers représentent $\frac{1}{10}$ des arbres et arbustes de l'oasis; les vignes grimpantes, $\frac{1}{6}$; les palmiers dattiers, $\frac{1}{4}$; les figuiers, $\frac{2}{15}$; les oliviers, $\frac{3}{20}$ et les amandiers, $\frac{1}{5}$.*
Le nombre total d'arbres et d'arbustes correspond au dénominateur. Le nombre de chaque arbre et de chaque arbuste correspond au numérateur. Pour réduire une fraction à sa plus simple expression, on divise le numérateur et le dénominateur par leur plus grand commun diviseur.

4. *Les élèves d'origine canadienne représentent $\frac{3}{28}$ de l'ensemble de la population de l'école; ceux d'origine vietnamienne, $\frac{5}{42}$; ceux d'origine libanaise, $\frac{1}{7}$; ceux d'origine polonaise, $\frac{4}{21}$; ceux d'origine marocaine, $\frac{3}{14}$; ceux d'origine italienne, $\frac{1}{14}$; ceux d'origine colombienne, $\frac{5}{84}$ et ceux d'origine sud-africaine, $\frac{2}{21}$.*
Le nombre total d'élèves correspond au dénominateur. Le nombre d'élèves dans chaque groupe correspond au numérateur. Pour réduire une fraction à sa plus simple expression, on divise le numérateur et le dénominateur par leur plus grand commun diviseur.

EXERCICES 2
Page 21

1.
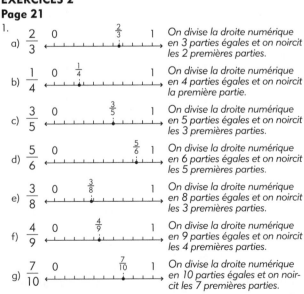

a) $\frac{2}{3}$ — *On divise la droite numérique en 3 parties égales et on noircit les 2 premières parties.*

b) $\frac{1}{4}$ — *On divise la droite numérique en 4 parties égales et on noircit la première partie.*

c) $\frac{3}{5}$ — *On divise la droite numérique en 5 parties égales et on noircit les 3 premières parties.*

d) $\frac{5}{6}$ — *On divise la droite numérique en 6 parties égales et on noircit les 5 premières parties.*

e) $\frac{3}{8}$ — *On divise la droite numérique en 8 parties égales et on noircit les 3 premières parties.*

f) $\frac{4}{9}$ — *On divise la droite numérique en 9 parties égales et on noircit les 4 premières parties.*

g) $\frac{7}{10}$ — *On divise la droite numérique en 10 parties égales et on noircit les 7 premières parties.*

h) $\frac{9}{20}$ — *On divise la droite numérique en 20 parties égales et on noircit les 9 premières parties.*

Page 22

2. *Pour trouver des fractions équivalentes, on multiplie le numérateur et le dénominateur de la fraction originale par le même nombre (par exemple : $\frac{4}{9} \rightarrow 4 \times 2 = 8$ et $9 \times 2 = 18 \rightarrow \frac{8}{18}$).*

a) $\frac{8}{18}, \frac{12}{27}, \frac{16}{36}, \frac{20}{45}$

b) $\frac{6}{16}, \frac{9}{24}, \frac{12}{32}, \frac{15}{40}, \frac{18}{48}$

c) $\frac{8}{10}, \frac{12}{15}, \frac{16}{20}, \frac{20}{25}, \frac{24}{30}, \frac{28}{35}, \frac{32}{40}, \frac{36}{45}, \frac{40}{50}$

d) $\frac{4}{6}, \frac{6}{9}, \frac{8}{12}, \frac{10}{15}, \frac{12}{18}, \frac{14}{21}, \frac{16}{24}, \frac{18}{27}, \frac{20}{30}, \frac{22}{33}, \frac{24}{36}, \frac{26}{39}, \frac{28}{42}, \frac{30}{45}, \frac{32}{48}$

e) $\frac{2}{12}, \frac{3}{18}, \frac{4}{24}, \frac{5}{30}, \frac{6}{36}, \frac{7}{42}, \frac{8}{48}$

f) $\frac{6}{20}, \frac{9}{30}, \frac{12}{40}, \frac{15}{50}$

g) $\frac{6}{8}, \frac{9}{12}, \frac{12}{16}, \frac{15}{20}, \frac{18}{24}, \frac{21}{28}, \frac{24}{32}, \frac{27}{36}, \frac{30}{40}, \frac{33}{44}, \frac{36}{48}$

h) $\frac{12}{14}, \frac{18}{21}, \frac{24}{28}, \frac{30}{35}, \frac{36}{42}, \frac{42}{49}$

3. *Avant de placer chaque fraction dans la bonne colonne, on doit les transformer en pourcentage. Pour ce faire, on divise le numérateur par le dénominateur et on transpose le nombre décimal obtenu en pourcentage.*
0,222… ; 0,625 ; 0,142… ; 0,5 ; 0,8 ; 0,2 ; 0,4 ; 3,5 ; 0,714… ; 0,3 ; 0,857… ; 0,25
0,375 ; 0,555… ; 0,75 ; 0,777… ; 1,666… ; 2,4 ; 0,1 ; 0,285… ; 0,9 ; 0,125 ; 0,8333… ; 0,444…
0,6 ; 0,7 ; 0,888… ; 1,333… ; 0,875 ; 1 ; 0,428… ; 0,111… ; 1 ; 0,571… ; 2,25 ; 0,166…

Entre 0 % et 25 %		Entre 26 % et 50 %		Entre 51 % et 75 %		Entre 76 % et 100 %		Plus de 100 %	
$\frac{2}{9}$	$\frac{1}{10}$	$\frac{1}{2}$	$\frac{2}{7}$	$\frac{5}{8}$	$\frac{3}{4}$	$\frac{4}{5}$	$\frac{5}{6}$	$\frac{7}{2}$	$1\frac{1}{3}$
$\frac{1}{7}$	$\frac{1}{8}$	$\frac{2}{5}$	$\frac{4}{9}$	$\frac{5}{7}$	$\frac{3}{5}$	$\frac{6}{7}$	$\frac{8}{9}$	$\frac{7}{6}$	$\frac{9}{4}$
$\frac{1}{5}$	$\frac{1}{9}$	$\frac{3}{10}$	$\frac{3}{7}$	$\frac{5}{9}$	$\frac{7}{10}$	$\frac{7}{9}$	$\frac{8}{9}$	$2\frac{2}{5}$	
$\frac{1}{4}$	$\frac{1}{6}$	$\frac{3}{8}$				$\frac{4}{7}$	$\frac{9}{10}$	$\frac{9}{3}$	
								$\frac{6}{6}$	

TEST 3
Page 23

1. *L'ordre décroissant consiste à placer les nombres du plus grand au plus petit.*
7385,2; 3852,7; 2587,3; 527,83; 527,38; 378,25; 375,82; 328,75; 325,78; 238,57; 237,58; 235,78; 87,523; 87,235; 78,523; 73,582; 72,853; 32,587

2. *Pour décomposer les nombres décimaux, on doit trouver la valeur de chaque chiffre faisant partie du nombre, et ce, dans l'ordre suivant : centaines de mille, dizaines de mille, unités de mille, centaines, dizaines, unités, dixièmes, centièmes et millièmes.*

a) $20\,000 + 8000 + 500 + 20 + 9 + \frac{7}{10} + \frac{6}{100}$

b) $7000 + 500 + 80 + 4 + \frac{6}{10} + \frac{5}{100} + \frac{3}{1000}$

c) $400\,000 + 80\,000 + 3000 + 900 + 50 + 1 + \frac{8}{10}$

d) $600 + 90 + 2 + \frac{2}{10} + \frac{9}{100} + \frac{6}{1000}$

e) $5000 + 30 + 8 + \frac{4}{10} + \frac{7}{100}$

3. *La position des dizaines de mille correspond au 5e chiffre du nombre en partant de la droite vers la gauche. La position des unités de mille*

correspond au 4e chiffre du nombre en partant de la droite vers la gauche. La position des centaines correspond au 3e chiffre du nombre en partant de la droite vers la gauche. La position des dizaines correspond au 2e chiffre du nombre en partant de la droite vers la gauche. La position des unités correspond au 1er chiffre du nombre en partant de la droite vers la gauche. La position des dixièmes correspond au 1er chiffre après la virgule. La position des centièmes correspond au 2e chiffre après la virgule. La position des millièmes correspond au 3e chiffre après la virgule.

Dizaines de mille	Unités de mille	Centaines	Dizaines	Unités	Dixièmes	Centièmes	Millièmes
			3	4	5	7	
			2	5	1	3	
1	9	8	4	7	6	4	
	7	5	8	3	8	0	2
		8	7	7	2	9	
			9	5	6	5	8
	6	4	2	0	8	7	
5	5	4	2	3	4		

4. *Avant de comparer les nombres entre eux, on les transforme d'abord pour qu'ils aient la même forme d'écriture.*

a) 75 % = 75 %   ou   0,75 = 0,75

b) 0,6 < 0,8   ou $\frac{3}{5} < \frac{4}{5}$

c) $3\frac{3}{7} < 3\frac{9}{20}$ ou   3,428 < 3,45

d) 30 % > 24 %   ou   0,3 > 0,24

e) $\frac{8}{25} < \frac{9}{25}$ ou   0,32 < 0,36

f) 0,55 = 0,55   ou $\frac{11}{20} = \frac{11}{20}$

g) 68 % > 58,333 %   ou $\frac{17}{25} > \frac{7}{12}$

h) 5,7 > 5,625   ou $5\frac{7}{10} > 5\frac{5}{8}$

Page 24

5. *Pour transformer un nombre fractionnaire en nombre décimal, on divise d'abord le numérateur par le dénominateur (le ramener en base 10 pour les dixièmes ou en base 100 pour les centièmes) et ensuite on additionne le nombre entier. Par exemple, pour $78\frac{4}{5}$:*

$$\begin{array}{r} 4 \\ -0 \\ \hline 40 \\ -40 \\ \hline 0 \end{array} \bigg| \begin{array}{l} 5 \\ \hline 0,8 \end{array} \quad \text{ou} \quad \frac{4 \times 2 = 8}{5 \times 2 = 10} \quad \rightarrow \quad 78 + 0,8 = 78,8$$

a) 78,8 b) 439,3 c) 8,25 d) 26,625 e) 5,332 f) 35,45 g) 91,048 h) 627,78 i) 74,96

6. *Pour arrondir à l'unité de mille près, on observe le chiffre qui se situe à la position des centaines, soit le 3e chiffre à gauche de la virgule. Si ce chiffre est égal à 0, 1, 2, 3 ou 4, le chiffre des unités de mille reste le même, et on remplace tous les chiffres qui suivent par des 0 en supprimant la virgule et les chiffres qui la suivent. Si ce chiffre est égal à 5, 6, 7, 8 ou 9, on ajoute 1 au chiffre des unités de mille, et on remplace tous les chiffres qui suivent par 0 en supprimant la virgule et les chiffres qui la suivent. Pour arrondir à la centaine près, on observe le chiffre qui se situe à la position des dizaines, soit le 2e chiffre à gauche, du côté gauche de la virgule. Si ce chiffre est égal à 0, 1, 2, 3 ou 4, le chiffre des centaines reste le même, et on remplace tous les chiffres qui suivent par des 0 en supprimant la virgule et les chiffres qui la suivent. Si ce chiffre est égal à 5, 6, 7, 8 ou 9, on ajoute 1 au chiffre des centaines, et on remplace tous les chiffres qui suivent par 0 en supprimant la virgule et les chiffres qui la suivent. Pour arrondir au dixième près, on observe le chiffre qui se situe à la position des centièmes, soit le 2e chiffre après la virgule. Si ce chiffre est égal à 0, 1, 2, 3 ou 4, le chiffre des dixièmes reste le même, et on supprime tous les chiffres qui suivent. Si ce chiffre est égal à 5, 6, 7, 8 ou 9, on ajoute 1 au chiffre des dixièmes, et on supprime tous les chiffres qui suivent. Pour arrondir au centième près, on observe le chiffre qui se situe à la position des millièmes, soit le 3e chiffre après la virgule. Si ce chiffre est égal à 0, 1, 2, 3 ou 4, le chiffre des centièmes reste le même, et on supprime tous les chiffres qui suivent. Si ce chiffre est égal à 5, 6, 7, 8 ou 9, on ajoute 1 au chiffre des centièmes, et on supprime tous les chiffres qui suivent.*

	À l'unité de mille près	À la centaine près	Au dixième près	Au centième près
a)	8876,542	9000	8900	8876,5	8876,54
b)	5429,488	5000	5400	5429,5	5429,49
c)	3570,067	4000	3600	3570,1	3570,07
d)	2468,363	2000	2500	2468,4	2468,36
e)	7532,836	8000	7500	7532,8	7532,84

7. a) 87,33; 88,03; 88,73; 89,43

b) 276,44; 276,35; 276,26; 276,17

c) 39,342; 39,692; 40,042; 40,392

d) 449,33; 446,73; 444,13; 441,53

e) 192,6; 200,6; 200,1; 208,1

8. *Pour trouver la valeur de position d'un chiffre dans un nombre, on élimine les chiffres qui précèdent et on remplace les chiffres qui suivent par des 0 (les 0 placés après la virgule peuvent être éliminés). Par exemple : 6**43**,97 → 40,00 ou 40*

a) 40 b) 0,08 c) 5,4 d) 580 e) 0,029 f) 16,75 g) 147 h) 1,83 i) 2,3

EXERCICES 1
Page 25

1. *On replace les termes de l'addition dans l'ordre suivant pour recomposer chaque nombre : dizaines de mille + unités de mille + centaines + dizaines + unités + dixièmes + centièmes + millièmes.*

a) 543,86   b) 2707,059   c) 48 010,396   d) 5689,243

e) 65 816,74   f) 73 185,346   g) 5854,219   h) 7203,864

2. *Pour placer les nombres décimaux dans la bonne colonne, on doit tenir compte des dizaines, des unités, des dixièmes, des centièmes et des millièmes. On peut utiliser le tableau suivant :*

dizaine	unité	dixième	centième	millième
4	7,	3	3	3
4	2,	8		

Par exemple, on remarque que 47,333 est plus grand que 42,8.

Plus petit que 27		Entre 27 et 42		Plus grand que 42	
13,08	23,34	28,5	33,93	42,001	47,333
17,83	25,6	29,784	35,418	43,8	48,37
18,75	26,72	30,006	41,26	44,531	49,077
20,17	26,999	30,09	41,9	46,2	50,06

3. *Pour trouver le nombre duquel chaque nombre décimal s'approche le plus, on doit tenir compte des centaines, des dizaines, des unités, des dixièmes, des centièmes et des millièmes. On peut utiliser le tableau suivant :*

centaines	dizaine	unité	dixième	centième	millième
	7	9,	3	8	4
	7	9,	3		
	7	9,	4		

Si on arrondit 79,384 au dixième près, on obtient 79,4. Donc, 79,384 s'approche plus de 79,4 que de 79,3.

a) 79,4 b) 4,1 c) 534,4 d) 65,5 e) 8,5 f) 930 g) 10,2 h) 36,8

Page 26

4. *Puisque chacun des segments de chaque droite numérique équivaut à 0,1, on peut se servir de cet indice pour placer les nombres décimaux en observant le chiffre à la position des dixièmes et en l'arrondissant. Par exemple, le nombre 360,08 s'arrondit à 360,1 aux dixièmes près. Alors, on doit placer le nombre 360,08 un peu avant le premier trait qui suit 360.*

a) 13,78

b) 545,2

c) 8,653

d) 99,9

e) 27,34

f) 4,005

g) 360,08

5. *Le chiffre se situant à la position des centaines est le 3ᵉ chiffre à gauche de la virgule. Le chiffre se situant à la position des dixièmes est le 1ᵉʳ chiffre à droite, du côté droit de la virgule. Le chiffre se situant à la position des millièmes est le 3ᵉ chiffre à droite, du côté droit de la virgule.*

6. *Pour trouver ce qui manque à chaque nombre décimal, on doit soustraire ce dernier du nombre entier. Pour s'aider, on peut ajouter une virgule après le nombre entier et des 0 jusqu'à l'ordre des millièmes.*

a) $24,0 - 23,7 = 0,3$ b) $50,00 - 49,36 = 0,64$
c) $684,00 - 683,21 = 0,79$ d) $8,000 - 7,777 = 0,223$
e) $52,000 - 51,483 = 0,517$ f) $830,00 - 829,67 = 0,33$
g) $4,0 - 3,2 = 0,8$ h) $11,000 - 10,545 = 0,455$

7. 78,12 – 78,13 – 78,14 – 78,15 – 78,16 – 78,17 – 78,18 – 78,19 – 78,2 – 78,21 – 78,22 – 78,23 – 78,24 – 78,25 – 78,26 – 78,27 – 78,28 – 78,29 – 78,3 – 78,31 – 78,32 – 78,33 – 78,34 – 78,35 – 78,36 – 78,37 – 78,38 – 78,39 – 78,4 – 78,41

8. *Pour transformer un pourcentage en nombre décimal, il suffit de diviser par 100 pour avoir un nombre à virgule (par exemple : 43 % = 0,43). Pour transformer une fraction en nombre décimal, il suffit de diviser le numérateur par le dénominateur (par exemple : $\frac{50}{100}$ = 50 ÷ 100 = 0,5).*

a) 0,43 b) 0,5 c) 0,764 d) 0,62 e) 0,09 f) 3,77 g) 0,087 h) 2,8 i) 0,4

9. 5,471 – 5,472 – 5,473 – 5,474 – 5,475 – 5,476 – 5,477 – 5,478 – 5,479 – 5,48 – 5,481 – 5,482 – 5,483 – 5,484 – 5,485 – 5,486 – 5,487 – 5,488 – 5,489 – 5,49 – 5,491 – 5,492 – 5,493 – 5,494 – 5,495 – 5,496 – 5,497 – 5,498 – 5,499 – 5,5

TEST 3.1
Page 28

1. *Voir page 23, n° 2.*

a) 30 + 8 + 0,5 + 0,06   b) 500 + 90 + 2 + 0,07
c) 4 + 0,9 + 0,03 + 0,001   d) 8000 + 300 + 20 + 9 + 0,4
e) 700 + 20 + 5 + 0,3 + 0,06 + 0,003   f) 6 + 0,7 + 0,02

2. *L'ordre croissant consiste à placer les nombres du plus petit au plus grand. Pour ce faire, on doit tenir compte des unités de mille, des centaines, des dizaines, des unités, des dixièmes, des centièmes et des millièmes. On peut utiliser le tableau suivant :*

unité de mille	centaine	dizaine	unité	dixième	centième	millième
		3	4,	4	9	1
1	3	9,	8	4		

Par exemple, on remarque que 34,491 vient avant 139,84 dans l'ordre croissant.

13,498; 13,849; 14,389; 14,893; 31,498; 31,894; 34,189; 34,891; 139,48; 139,84; 143,89; 143,98; 384,19; 384,91; 439,18; 439,81; 813,49; 843,91; 918,43; 981,34; 8149,3; 8914,3; 9184,3; 9413,8

3. *Lorsqu'on transforme des nombres décimaux en nombres fractionnaires irréductibles, les nombres placés devant la virgule deviennent les nombres entiers, et les nombres placés après la virgule deviennent les numérateurs des fractions. Les dixièmes sont transposés sur 10. Les centièmes sont transposés sur 100. Les millièmes sont transposés sur 1000. Pour réduire une fraction à sa plus simple expression, on doit diviser le numérateur et le dénominateur par leur plus grand commun diviseur.*

a) $5\frac{9}{20}$ b) $23\frac{3}{5}$ c) $9\frac{7}{8}$ d) $84\frac{2}{25}$ e) $370\frac{1}{2}$

f) $71\frac{3}{20}$ g) $42\frac{1}{4}$ h) $6\frac{1}{25}$ i) $875\frac{3}{10}$

4. *Pour arrondir un nombre à la dizaine près, on observe le chiffre qui se situe à la position des unités, soit le 1ᵉʳ chiffre avant la virgule. Si ce chiffre est égal à 0, 1, 2, 3 ou 4, le chiffre des dizaines reste le même, le chiffre des unités est remplacé par un 0 et l'on supprime la virgule et les chiffres qui suivent. Si ce chiffre est égal à 5, 6, 7, 8 ou 9, on ajoute 1 au chiffre des dizaines, le chiffre des unités est remplacé par un 0 et on supprime la virgule et les chiffres qui suivent. Pour arrondir un nombre à l'unité près, on observe le chiffre qui se situe à la position des dixièmes, soit le 1ᵉʳ chiffre après la virgule. Si ce chiffre est égal à 0, 1, 2, 3 ou 4, le chiffre des unités reste le même, et on supprime la virgule et les chiffres qui suivent. Si ce chiffre est égal à 5, 6, 7, 8 ou 9, on ajoute 1 au chiffre des unités, et on supprime la virgule et les chiffres qui suivent. Pour arrondir*

au dixième près, on observe le chiffre qui se situe à la position des centièmes, soit le 2ᵉ chiffre après la virgule. Si ce chiffre est égal à 0, 1, 2, 3 ou 4, le chiffre des dixièmes reste le même, et on supprime tous les chiffres qui suivent. Si ce chiffre est égal à 5, 6, 7, 8 ou 9, on ajoute 1 au chiffre des dixièmes, et on supprime tous les chiffres qui suivent. Pour arrondir au centième près, on observe le chiffre qui se situe à la position des millièmes, soit le 3ᵉ chiffre. Si ce chiffre est égal à 0, 1, 2, 3 ou 4, le chiffre des centièmes reste le même, et on supprime tous les chiffres qui suivent. Si ce chiffre est égal à 5, 6, 7, 8 ou 9, on ajoute 1 au chiffre des centièmes, et on supprime tous les chiffres qui suivent.

	À la dizaine près	À l'unité près	Au dixième près	Au centième près
a) 4645,728	4650	4646	4645,7	4645,73
b) 2906,453	2910	2906	2906,5	2906,45
c) 7244,551	7240	7245	7244,6	7244,55
d) 6592,877	6590	6593	6592,9	6592,88
e) 3718,236	3720	3718	3718,2	3718,24

EXERCICES 2
Page 29

1. L'ordre croissant consiste à placer les nombres du plus petit au plus grand. On peut utiliser le tableau suivant en remplaçant les dixièmes, centièmes et millièmes manquants par des 0 :

unité	dixième	centième	millième
0,	0	3	5
0,	0	6	

Par exemple, le nombre 0,035 précède le nombre 0,06 dans l'ordre croissant.

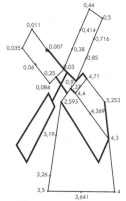

Réponse :
Mélissa a aperçu un moulin à vent lors de son voyage aux Pays-Bas.

Page 30

2. Avant d'effectuer les additions, on convertit les fractions en nombres décimaux. Puisque les dénominateurs des fractions sont des multiples de 10, on n'a qu'à transposer en dixièmes, en centièmes et en millièmes. Ainsi, $\frac{4}{10}$ devient 0,4 ; $\frac{8}{100}$ devient 0,08 ; $\frac{7}{1000}$ devient 0,007.

	5	$\frac{4}{10}$	$\frac{8}{100}$	$\frac{7}{1\,000}$
a)	67,39	72,39	67,79	67,47	67,397
b)	238,645	243,645	239,045	238,725	238,652
c)	94,423	99,423	94,823	94,503	94,43
d)	3875,2	3880,2	3875,6	3875,28	3875,207
e)	71,77	76,77	72,17	71,85	71,777

3. a) $5 + \frac{3}{60} =$ $15 + (3 \div 60) =$ $15 + 0,05 =$ 15,05

b) $7 + \frac{15}{60} =$ $7 + (15 \div 60) =$ $7 + 0,25 =$ 7,25

c) $21 + \frac{48}{60} =$ $21 + (48 \div 60) =$ $21 + 0,8 =$ 21,8

d) $8 + \frac{27}{60} =$ $8 + (27 \div 60) =$ $8 + 0,45 =$ 8,45

e) $6 + \frac{39}{60} =$ $6 + (39 \div 60) =$ $6 + 0,65 =$ 6,65

f) $13 + \frac{21}{60} =$ $13 + (21 \div 60) =$ $13 + 0,35 =$ 13,35

g) $11 + \frac{57}{60} =$ $11 + (57 \div 60) =$ $11 + 0,95 =$ 11,95

h) $12 + \frac{12}{60} =$ $12 + (12 \div 60) =$ $12 + 0,2 =$ 12,2

4. La position des dixièmes correspond au 1ᵉʳ chiffre après la virgule. La position des centièmes correspond au 2ᵉ chiffre après la virgule. La position des unités correspond au 1ᵉʳ chiffre à gauche de la virgule.

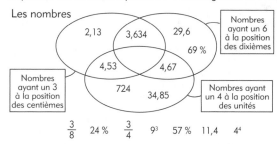

$\frac{3}{8}$ 24 % $\frac{3}{4}$ 9³   57 %   11,4   4⁴

Page 31

5. La position des centaines de mille correspond au 6ᵉ chiffre du nombre en partant de la droite vers la gauche. La position des dizaines de mille correspond au 5ᵉ chiffre du nombre en partant de la droite vers la gauche. La position des unités de mille correspond au 4ᵉ chiffre du nombre en partant de la droite vers la gauche. La position des centaines correspond au 3ᵉ chiffre du nombre en partant de la droite vers la gauche. La position des dizaines correspond au 2ᵉ chiffre du nombre en partant de la droite vers la gauche. La position des unités correspond au 1ᵉʳ chiffre de droite. Pour trouver la valeur de position d'un chiffre dans un nombre, on doit éliminer les chiffres qui précèdent et remplacer les chiffres qui suivent par des 0.
a) unités de mille, 3000   b) unités, 8   c) dizaines de mille, 50 000
d) centaines, 600   e) centaines de mille, 700 000   f) dizaines, 40

6. Pour écrire les nombres en chiffres, on doit séparer les milliers, les centaines, les dizaines-unités et les dixièmes, centièmes ou millièmes, puis additionner les nombres obtenus :
a) trois cents / quatre-vingt-seize / et soixante-seize millièmes =
300 + 96 + 0,073 = 396,073
b) six cents / quarante-quatre / et dix-huit centièmes = 600 + 44 + 0,18 = 644,18
c) neuf mille / deux cents / cinquante et un / et quatre dixièmes =
9 000 + 200 + 51 + 0,4 = 9 251,4
d) trente-sept mille / vint-deux / et neuf cent sept millièmes =
37 000 + 22 + 0,907 = 37 022,907
e) huit cent trois mille / six cents / cinquante / et cinq centièmes =
803 000 + 600 + 50 + 0,05 = 803 650,05
f) cent cinquante-deux mille / dix-sept / et deux millièmes =
152 000 + 17 + 0,002 = 152 017,002

7. Pour écrire les nombres en lettres, on les décompose en centaines de mille, en dizaines/unités de mille, en centaines, en dizaines/unités et en dixièmes, centièmes ou millièmes. Par exemple : 472,06 = 400 + 72 + 0,06 = quatre cent soixante-douze et six centièmes. Les nombres composés inférieurs à 100 qui ne se terminent pas par 1, sauf 81 et 91, prennent un trait d'union (p. ex. : quatre-vingt-dix-huit), les nombres composés supérieurs à 100 ne prennent pas de trait d'union, sauf leur partie comprise entre 1 et 99 (p. ex. : cinq mille six cent cinquante-quatre), on ajoute « et » lorsqu'un nombre se termine par 1, sauf 81 et 91 (p. ex. : soixante et un) ; les nombres 20 et 100 prennent la marque du pluriel lorsqu'ils sont multipliés et qu'ils ne sont pas suivis d'un autre nombre (p. ex. : quatre-vingts, quatre-vingt-un, six cents, six cent un), sauf s'il s'agit de millier, million et milliard (p. ex. : quatre-vingts milliers, sept cents millions), et le nombre 1000 est toujours invariable (p. ex. : trente-trois mille).
a) quatre cent soixante-douze et six centièmes
b) quatre-vingt-quatre et trois cent quatre-vingt-onze millièmes
c) six mille trois cent soixante-sept et huit dixièmes
d) neuf cent cinq et soixante-quatre millièmes
e) vingt-six mille quatre cent cinquante et un et dix-sept centièmes
f) quarante-cinq mille huit et deux dixièmes

TEST 4
Page 32

1.
$$\overset{6}{\cancel{7}}\!{}^{1}00 \qquad \overset{1}{2}\!{}^{1}06$$
$$\underline{-\;460} \qquad \underline{-\;143}$$
$$240 \;\rightarrow\; -240 \qquad 63 \;\rightarrow\; -63$$

La température moyenne sur Neptune est de –240 °C, et celle sur Mars est de –63 °C.
Pour trouver la température sur Neptune, on soustrait 700° C à la température de Vénus. Pour trouver la température de Mars, on additionne 143° C à la température de Jupiter. On doit tenir compte des règles suivantes : deux signes pareils, on les additionne et l'on garde le même signe (aucun symbole pour les entiers positifs et « – » pour les entiers positifs ; deux signes contraires, on les soustrait et le plus fort l'emporte (7 – 14 = ? → + 7 + –14 = ? → 14 – 7 = 7 → –7).

2.
$$\overset{2\;13}{34}\!{}^{1}7$$
$$\underline{-\;279}$$
$$68$$

Le sommet du convoyeur est situé à 68 m du sol.
Pour trouver à quelle distance du sol se retrouve le sommet du convoyeur, on additionne les deux mesures en tenant compte du fait qu'on additionne un nombre entier négatif à un nombre entier positif (l'addition devient alors une soustraction).

3. Le solde du compte bancaire de l'entreprise est de –2164 $.
Pour trouver le solde du compte bancaire, on additionne d'abord les montants positifs (dépôts), puis les montants négatifs (retraits). Ensuite, on soustrait la somme des retraits de celle des dépôts. Pour faciliter la tâche, on peut soustraire la somme des dépôts (plus petit nombre) de la somme des retraits (plus grand nombre) en gardant en tête qu'on doit transformer la différence en nombre entier négatif.

$$\overset{1\;1\;1}{3\;654} \qquad\qquad \overset{8}{11}\,9\!{}^{1}18$$
$$4\;897 \qquad \overset{1}{6}\,832$$
$$\underline{+\;1\;203} \qquad \underline{+\;5\;086} \qquad \underline{-\;9\;754}$$
$$9\;754 \qquad\; 11\;918 \qquad 2\;164 \;\rightarrow\; -2\;164$$

EXERCICES 1
Page 33

1. *L'ordre croissant consiste à placer les nombres du plus petit au plus grand. Les nombres entiers positifs se placent de gauche à droite selon la valeur du chiffre. Les nombres entiers négatifs se placent de droite à gauche selon la valeur du chiffre.*
–41, –34, –26, –22, –18, –13, –10, –9, –7, –5, –2, 0, 7, 8, 10, 11, 14, 25, 29, 33, 34, 45

2. *On doit calculer la différence entre les nombres qui se suivent pour trouver la règle. Si le nombre qui précède est plus grand, la règle est liée à la soustraction, et si le nombre qui précède est plus petit, la règle est liée à l'addition.*
   a) –10, –17, –24, –31, –38   *La règle est – 7.*
   b) –29, –26, –23, –20, –17   *La règle est + 3.*
   c) 0, –4, 1, –3, 2   *La règle est + 5, – 4.*
   d) 22, 14, 8, 0, –6   *La règle est – 6, – 8.*
   e) –21, –23, –17, –19, –13   *La règle est + 6, – 2.*
   f) –17, –12, –22, –17, –27   *La règle est – 10, + 5.*

3. *Pour résoudre une équation qui comporte des entiers positifs et des entiers négatifs, on doit tenir compte des règles suivantes : deux signes pareils, on les additionne et on garde le même signe (aucun symbole pour les entiers positifs et « – » pour les entiers positifs ; deux signes contraires, on les soustrait et le plus fort l'emporte (7 – 14 = ? → + 7 + –14 = ? → 14 – 7 = 7 → –7). On peut également utiliser la droite numérique pour effectuer les calculs. Le symbole < signifie « est plus petit que ». Le symbole > signifie « est plus grand que ». Le symbole = signifie « est égal à ».*
   a)   43 – 59 = **–16**   <   52 – 64 = **–12**
   b) –25 + 18 = **–7**   =   7 – 14 = **–7**
   c)   33 – 16 = **17**   >   3 – 18 = **–15**
   d)   24 – 55 = **–31**   =   47 – 78 = **–31**
   e)   76 – 80 = **–4**   <   –26 + 30 = **4**
   f)   7 + 9 – 28 = **–12**   >   5 – 1 – 19 = **–15**
   g)   0 – 43 + 15 = **–28**   >   7 – 62 + 13 = **–42**
   h) 10 – 100 + 84 = **–6**   =   6 – 29 + 17 = **–6**

Page 34

4.
   a) 10 – 16 + 7 = ___1___
   b) 3 – 11 + 6 = ___–2___
   c) –13 + 9 – 5 = ___–9___
   d) –4 + 16 – 2 = ___10___
   e) 0 – 12 + 7 = ___–5___
   f) 2 + 6 – 15 = ___–7___
   g) –6 + 14 – 8 = ___0___
   h) 1 + 8 – 20 = ___–11___

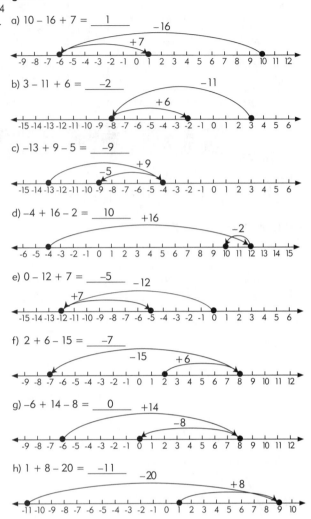

TEST 4.1
Page 35

1. Le plongeur s'est rendu à la position –479 dm sur la corde.
Pour trouver à quelle position de la corde le plongeur s'est rendu, on doit soustraire la hauteur du tremplin de celle du plongeon en gardant en tête que la différence obtenue doit être transformée en nombre entier négatif.
$$\overset{5\;12}{63}\!4$$
$$\underline{-\;155}$$
$$479 \;\rightarrow\; -479$$

2. 2705 années séparent ces deux événements.
Pour trouver combien d'années séparent la découverte de l'Amérique et la mort du pharaon égyptien, on additionne les deux années en ne tenant pas compte des entiers négatifs.
$$\overset{1}{1}\,492$$
$$\underline{+\;1\;213}$$
$$2\;705$$

3. Je parviendrais à destination en l'an –1795 ou 1795 av. J.-C.
Pour trouver en quelle année on parviendra à destination, on soustrait 3148 de 1353. Pour se faciliter la tâche, on peut soustraire le plus petit nombre du plus grand nombre en gardant en tête qu'on doit transformer la différence en nombre entier négatif.
$$\overset{2\;10}{3}\,{}^{1}\!48$$
$$\underline{-\;1\;353}$$
$$1\;795 \;\rightarrow\; -1\;795$$

EXERCICES 2
Page 36

1. *Pour résoudre une équation qui comporte des entiers positifs et des entiers négatifs, on doit tenir compte des règles suivantes : deux signes pareils, on les additionne et on garde le même signe (aucun symbole pour les entiers positifs et « – » pour les entiers positifs ; deux signes contraires, on les soustrait et le plus fort l'emporte*

$(3 – 12 = ? \rightarrow + 3 + – 12 = ? \rightarrow 12 – 3 = 9 \rightarrow – 9)$. *On peut également utiliser la droite numérique pour effectuer les calculs (les nombres entiers positifs se placent de la gauche vers la droite. Les nombres entiers positifs se placent de la droite vers la gauche).*
a) $–49 + 8 = –41 \rightarrow$ case $–41$
b) $–41 + 7 = –34 \rightarrow$ case $–4$
c) $–4 + 10 = 6 \rightarrow$ case 36
d) $36 + 2 = 38 \rightarrow$ case 3
e) $3 + 6 = 9 \rightarrow$ case $–12$
f) $–12 + 4 = –8 \rightarrow$ case $–8$
g) $–8 + 5 = –3 \rightarrow$ case $–44$
h) $–44 + 6 = –38 \rightarrow$ case $–17$

TEST 5
Page 37

1. Le Canada produit 500 000 tonnes de seigle annuellement.
Pour trouver le nombre de tonnes de seigle que le Canada produit annuellement, il faut additionner toutes les quantités.

```
 2 3 2  1
 252 000
 148 500
  49 500
  25 750
+ 24 250
 500 000
```

2. 78 200 personnes ne parlent aucune des langues officielles au Luxembourg.
Pour trouver le nombre de personnes qui ne parlent aucune des langues officielles au Luxembourg, on additionne d'abord le nombre de personnes qui parlent le luxembourgeois, le français et l'allemand. Ensuite, on soustrait la somme obtenue de la population totale du Luxembourg.

```
   2 1
 349 600        3 15 9
  18 400      460 '000
+ 13 800     − 381 800
 381 800       78 200
```

3. Le colibri peut effectuer 22 500 battements d'ailes en 5 minutes.
Pour trouver le nombre de battements que le colibri peut effectuer en 5 minutes, on multiplie d'abord le nombre de minutes (5) par le nombre de secondes dans une minute (60). Ensuite, on multiplie le produit obtenu par 75.

```
                  300
                ×  75
  60            1 500
×  5          + 21 000
 300           22 500
```

4. La lumière est 37 500 fois plus rapide que la navette spatiale.
Pour trouver combien de fois la vitesse de la lumière est plus rapide que la vitesse de la navette spatiale, on doit diviser la première par la deuxième.

```
300 000 |8
− 24    |37 500
  60
− 56
  40
− 40
  00
 − 0
  00
 − 0
   0
```

Page 38

5. On compte 1697 poissons dans le bassin principal de la pisciculture.
Pour trouver le nombre de poissons dans le bassin, on additionne les truites arc-en-ciel, les touladis et les ombles de fontaine. On doit préalablement convertir les nombres qui sont accompagnés d'exposants.
$5^4 = 5 \times 5 \times 5 \times 5 = 625$
$7^3 = 7 \times 7 \times 7 = 343$
$3^6 = 3 \times 3 \times 3 \times 3 \times 3 \times 3 = 729$
$625 + 343 + 729 = \underline{1\ 697}$

6. 14 générations se sont succédé depuis l'arrivée des ancêtres de Louis.
Pour trouver combien de générations se sont succédé, on soustrait de l'année de naissance de Louis l'année où les ancêtres de ce dernier sont arrivés. Ensuite, on divise la différence obtenue par le nombre représentant l'arrivée d'une nouvelle génération.
$1981 – 1673 = 308 \rightarrow 308 \div 22 = \underline{14}$

7. L'encyclopédie de Margaret compte 7488 pages en tout.
Pour trouver le nombre de pages contenues dans l'encyclopédie, on doit d'abord trouver le nombre de voyelles (6) et le nombre de

consonnes (20) dans l'alphabet. Ensuite, on multiplie le nombre de pages d'un tome par le nombre de voyelles. Puis on ajoute 39 au nombre de pages d'un tome et on multiplie la somme obtenue par le nombre de consonnes. Enfin, on additionne les deux produits obtenus.
$(258 \times 6) + [(258 + 39) \times 20] =$
$1548 + (297 \times 20) =$
$1548 + 5940 = \underline{7488}$

8. 140 550 cheveux garnissent toujours le crâne de Hector 18 semaines après le diagnostic.
Pour trouver la quantité de cheveux perdus, on multiplie d'abord le nombre de semaines (18) par le nombre de jours que compte une semaine (7). Ensuite, on multiplie le nombre de cheveux perdus chaque jour (75) par le produit obtenu. Enfin, on soustrait du nombre de cheveux que compte une chevelure normale le deuxième produit obtenu.
$150\ 000 – (18 \times 7 \times 75) =$
$150\ 000 – (126 \times 75) =$
$150\ 000 – 9450 = \underline{140\ 550}$

EXERCICES 1
Page 39

1. a)
```
 11  1
 52 357
+ 48 914
 101 271
```
b)
```
  6  89
 7'0 90'0
− 26 639
  44 261
```
c)
```
     11
 33 599
+ 35 218
 68 817
```
d)
```
 48 '06'4
   7  5
− 26 257
 21 807
```

e)
```
  11   1
 385 009
+ 199 578
 584 587
```
f)
```
    7
  10 13 11
 814 2'37
− 427 663
 386 574
```
g)
```
 111  1
 556 725
+ 98 339
 655 064
```
h)
```
  6  8 10 9
 7'49 10'0
− 83 634
 665 466
```

i)
```
 111  1
 268 316
+ 679 735
 948 051
```
j)
```
 5 99 99
 600 00'0
− 542 784
  57 116
```
k)
```
  11   11
 445 566
+ 388 277
 833 843
```
l)
```
  7 10  8 16
 81'1 97'3
− 355 188
 456 785
```

2. a)
```
 8 948 |4
 − 8   |2237
   09
  − 8
   14
  − 12
    28
   − 28
     0
```
b)
```
   5 37
   2 639
 ×     8
  21 112
```
c)
```
 6 705 |9
 − 63  |745
   40
  − 36
    45
   − 45
     0
```
d)
```
  5 32
  5 754
 ×    7
 40 278
```

e)
```
 6 164 |23
 − 46  |268
  1 56
 − 1 38
    184
  − 184
     0
```
f)
```
   1 1
   4 3
   387
 ×  25
 1 935
 + 7 740
  9 675
```
g)
```
 4 712 |38
 − 38  |124
    91
  − 76
   152
 − 152
    0
```
h)
```
   7
   3
   609
 ×  84
 1 1
 2 436
 + 48 720
 51 156
```

i)
```
 7 524 |57
 − 57  |132
  1 82
 − 1 71
    114
  − 114
     0
```
j)
```
   1 2
   2 4
   837
 ×  47
 1 1
 5 859
 + 33 480
 39 339
```
k)
```
 7 296 |16
 − 64  |456
   89
  − 80
    96
  − 96
    0
```
l)
```
  1 1
  1 1
  555
 ×  33
 1 1
 1 665
 + 16 650
 18 315
```

Page 40

3. *On résout d'abord les opérations qui sont placées entre parenthèses, puis les autres.*
a) $37 \times 9 = 333$
b) $32 + 30 = 62$
c) $149 – 55 = 94$
d) $783 \div 27 = 29$
e) $47 + 72 – 38 = 81$

4. *La priorité des opérations est l'ordre selon lequel les opérations doivent être résolues : on commence généralement par résoudre les opérations qui sont placées entre parenthèses, puis résoudre les multiplications et les divisions et enfin résoudre les additions et les soustractions.*

a) $(72 \div 3) - (4 \times 5) = 24 - 20 = 4$
b) $37 + (56 \div 7) - 6 = 37 + 8 - 6 = 39$
c) $(25 \times 9 \div 3) + (4 \times 7) - 8 = 75 + 28 - 8 = 95$
d) $39 + (49 \div 7) + (7 \times 4) = 39 + 7 + 28 = 74$
e) $112 - 76 + 13 - (6 \times 6) = 49 - 36 = 13$

5. *La distributivité est la propriété qui consiste à distribuer une multipli-cation ou une division sur une addition ou une soustraction placée entre parenthèses. On doit multiplier ou diviser le nombre par le premier terme placé entre parenthèses, faire la même chose avec le deuxième terme placé entre parenthèses, puis additionner ou soustraire les deux produits ou quotients obtenus.*
a) $(6 \times 9) - (6 \times 4) = 54 - 24 = 30$
b) $(9 \times 3) + (9 \times 8) = 27 + 72 = 99$
c) $(8 \times 34) - (8 \times 19) = 272 - 152 = 120$
d) $(3 \times 44) + (3 \times 37) = 132 + 111 = 243$
e) $(5 \times 8) + (5 \times 5) - (5 \times 3) = 40 + 25 - 15 = 50$

Page 41

6. *Pour décomposer un nombre en facteurs premiers, on doit utiliser l'arbre des facteurs, un diagramme dans lequel on divise les nombres jusqu'à ce qu'ils ne soient plus divisibles. Pour donner sa réponse sous forme exponentielle, on compte le nombre de fois que chaque nombre est multiplié par lui-même (le nombre de fois devient l'exposant). Enfin, on sépare chaque terme par le symbole de la multiplication (x).*
a) $3^2 \times 5 \times 7$ b) $2^2 \times 5^2 \times 7$ c) $2^4 \times 3^2 \times 5$ d) $3^4 \times 11$
e) $5^2 \times 7^2$ f) $2^5 \times 3^2 \times 7$ g) $3^6 \times 5$ h) $2^2 \times 3^2 \times 5^2 \times 7$

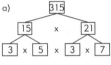

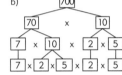

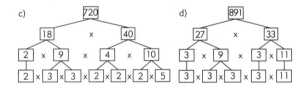

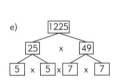

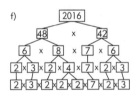

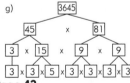

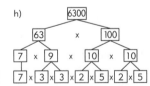

Page 42

7. a) $7^3 + 5^4 = (7 \times 7 \times 7) + (5 \times 5 \times 5 \times 5) = 343 + 625 = \underline{968}$
b) $6^4 - 3^5 = (6 \times 6 \times 6 \times 6) - (3 \times 3 \times 3 \times 3 \times 3) = 1296 - 243 = \underline{1053}$
c) $1^3 \times 9^2 \times 2^4 = (1 \times 1 \times 1) \times (9 \times 9) \times (2 \times 2 \times 2 \times 2) = 1 \times 81 \times 16 = \underline{1296}$
d) $2^8 \div 4^2 = (2 \times 2 \times 2 \times 2 \times 2 \times 2 \times 2 \times 2) \div (4 \times 4) = 256 \div 16 = \underline{16}$
e) $10^2 + 6^3 - 3^4 = (10 \times 10) + (6 \times 6 \times 6) - (3 \times 3 \times 3 \times 3) = 100 + 216 - 81 = \underline{235}$
f) $2^4 \times (5^3 + 7^2) = (2 \times 2 \times 2 \times 2) \times [(5 \times 5 \times 5) + (7 \times 7)] = 16 \times (125 + 49) = 16 \times 174 = \underline{2784}$
g) $(4^4 \times 6^2) - (3^3 \times 15^1) = [(4 \times 4 \times 4 \times 4) \times (6 \times 6)] - [(3 \times 3 \times 3) \times 15] = (256 \times 36) - (27 \times 15) = 9216 - 405 = \underline{8811}$
h) $(8^2 + 4^3) \div 2^5 = [(8 \times 8) + (4 \times 4 \times 4)] \div (2 \times 2 \times 2 \times 2 \times 2) = (64 + 64) \div 32 = \underline{4}$
i) $(3^2 \times 2^4 \times 7^2) + (6^1 \times 5^2 \times 3^4) = [(3 \times 3) \times (2 \times 2 \times 2 \times 2) \times (7 \times 7)] + [6 \times (5 \times 5) \times (3 \times 3 \times 3 \times 3)] = (9 \times 16 \times 49) + (6 \times 25 \times 81) = 7056 \times 12\,150 = \underline{19\,206}$

j) $24^3 \div 2^8 \times 5^4 = (24 \times 24 \times 24) \div (2 \times 2 \times 2 \times 2 \times 2 \times 2 \times 2 \times 2) \times (5 \times 5 \times 5 \times 5) = 13\,824 \div 256 \times 625 = \underline{33\,750}$
k) $(32^2 \div 4^3) \times (10^3 - 9^3) = [(32 \times 32) \div (4 \times 4 \times 4)] \times [(10 \times 10 \times 10) - (9 \times 9 \times 9)] = (1\,024 \div 64) \times (1\,000 - 729) = 16 \times 271 = \underline{4336}$
l) $5^3 \times (8^2 - 3^3) = (5 \times 5 \times 5) \times [(8 \times 8) - (3 \times 3 \times 3)] = 125 \times (64 - 27) = 125 \times 37 = \underline{4625}$

TEST 5.1
Page 43
1. Chaque wagon du train de banlieue peut accueillir 67 passagers.
Pour trouver le nombre de passagers que peut accueillir un wagon, on divise le nombre de voyageurs par le nombre de wagons.

$$1\,675 \mid 25$$
$$-\,1\,50 \quad 67$$
$$175$$
$$-\,175$$
$$0$$

2. Le prix de la fourgonnette d'occasion est de 42 154 $.
Pour trouver le prix de la fourgonnette d'occasion, on soustrait le montant de 7446 $ du prix d'une fourgonnette neuve.

$$49\,600$$
$$-\,7\,446$$
$$42\,154$$

3. Le dentiste doit inspecter 87 552 dents dans une année.
Pour trouver le nombre de dents que le dentiste inspecte chaque année, on multiplie le nombre de patients par le nombre de dents faisant partie de la dentition humaine. On termine en multipliant ce résultat par le nombre de mois dans une année.

$$228$$
$$\times 32$$
$$456$$
$$+\,6\,840$$
$$7\,296$$

$$7\,296$$
$$\times 12$$
$$14\,592$$
$$+\,72\,960$$
$$87\,552$$

4. On compte environ 547 906 cerfs à la grandeur du Québec.
Pour trouver le nombre de cerfs à la grandeur du Québec, on additionne la population de cerfs de l'île d'Anticosti à celle du reste du territoire québécois.

$$383\,534$$
$$+\,164\,372$$
$$547\,906$$

Page 44
5. Le facteur distribue 110 240 items de courrier sur une période de 5 ans.
Pour trouver le nombre d'articles de courrier, on doit d'abord additionner le nombre de lettres à celui des colis. Ensuite, on multiplie le nombre d'années par celui de semaines dans une année. Enfin, on multiplie la somme obtenue au départ par le produit obtenu.

$$379$$
$$+\,45$$
$$424$$

$$52$$
$$\times\,5$$
$$260$$

$$424$$
$$\times 260$$
$$000$$
$$25\,440$$
$$+\,84\,800$$
$$110\,240$$

6. La planète Neptune accomplit sa trajectoire autour du Soleil en 60 225 jours.
Pour trouver en combien de jours la planète Neptune accomplit sa trajectoire autour du Soleil, on multiplie d'abord par 684 le nombre de jours que prend la planète Mercure pour accomplir sa trajectoire. Ensuite, on ajoute 33 au produit obtenu.

$$684$$
$$\times 88$$
$$5\,472$$
$$+\,54\,720$$
$$60\,192$$

$$60\,192$$
$$+\,33$$
$$60\,225$$

7. On pourrait compter 74 lièvres après 2 ans.
Explications :
Année 1 : 2 lièvres matures + (3 portées x 4 levrauts) = 14 lièvres
Année 2 : (5 couples matures* x 3 portées x 4 levrauts) = 60 lièvres
* Les 14 lièvres de l'année 1 comptent 10 lièvres matures et 4 levrauts.

8. Il leur manquerait 2872 mètres pour atteindre la hauteur du mont Fuji-Yama.
Pour trouver le nombre de mètres manquants, on multiplie d'abord par 2 la hauteur d'une des tours jumelles. Ensuite, on soustrait le produit obtenu de la hauteur du mont Fuji.

$$452$$
$$+\,2$$
$$904$$

$$3\,776$$
$$-\,904$$
$$2\,872$$

EXERCICES 2
Page 45
1. *Avant de comparer les nombres entre eux, on doit d'abord trouver la valeur des nombres à exposant et des équations. Le symbole < signifie « est plus petit que ». Le symbole > signifie « est plus grand que ». Le symbole = signifie « est égal à ».*
a) $279 > 76$ b) $319 < 332$ c) $512 = 512$ d) $105 > 100$
e) $79 < 81$ f) $28 = 28$ g) $64 > 63$ h) $37 = 37$

2. a)
```
   12 12
  15 869
  24 736
 +  6 588
  47 193
```
b)
```
  2 99 99
  300 000
 − 79 342
  220 658
```
```
    1 11
  220 658
 +  3 775
  224 433
```
c)
```
   11  11
  48 063
 + 186 679
  234 742
```
```
  112  3
  234 742
 − 95 728
  139 014
```
d)
```
    7 812
  484 932
 − 36 789
  448 143
```
```
     3 1
  448 143
 − 155 033
  293 110
```
e)
```
   1 11
  3 364
    625
 +  343
  4 332
```
f)
```
  2 11 16
  32 768
 − 24 978
  7 790
```
```
     1 1
  7 790
 +  729
  8 519
```

3. On additionne, soustrait, multiplie ou divise chaque terme de la colonne de gauche avec chaque terme de la rangée du haut.

	+ 539	− 485	× 6	× 49	÷ 3
744	1283	259	4464	36 456	248
828	1367	343	4968	40 572	276
540	1079	55	3240	26 460	180
672	1211	187	4032	32 928	224
951	1490	466	5706	46 599	317

Page 46

4. a)
```
  4 572 | 9
 − 45     508
   07
  − 0
   72
  − 72
    0
```
b)
```
  3 096 | 72
 − 288    43
   216
 − 216
    0
```
c)
```
    23
    34
   645
  ×  68
  1
  5 160
 + 38 700
  43 860
```
d)
```
     6
  4 760 | 56
 − 48     85
   280
 − 280
     0
```
e)
```
    2
    1
   704
  ×  53
  2 112
 + 35 200
  37 312
```
f)
```
  53 907 | 3
  − 3     17 969
   23
 − 21
   29
 − 27
    20
  − 18
    27
  − 27
     0
```
g)
```
    5
    5
   980
  ×  77
  1 1
  6 860
 + 68 600
  75 460
```
h)
```
  5 152 | 23
 − 46     224
   55
 − 46
   92
 − 92
    0
```

5. a) $6^4 \div 3^2 = (6 \times 6 \times 6 \times 6) \div (3 \times 3) = 1296 \div 9 = \underline{144}$
b) $4^5 + 2^6 = (4 \times 4 \times 4 \times 4 \times 4) + (2 \times 2 \times 2 \times 2 \times 2 \times 2) = 1024 + 64 = \underline{1088}$
c) $8^3 \div 2^5 = (8 \times 8 \times 8) \div (2 \times 2 \times 2 \times 2 \times 2) = 512 \div 32 = \underline{16}$
d) $3^5 \times 6^2 = (3 \times 3 \times 3 \times 3 \times 3) \times (6 \times 6) = 243 \times 36 = \underline{8748}$
e) $10^3 \div 5^2 = (10 \times 10 \times 10) \div (5 \times 5) = 1000 \div 25 = \underline{40}$
f) $9^2 \times 4^3 = (9 \times 9) \times (4 \times 4 \times 4) = 81 \times 64 = \underline{5184}$
g) $4^4 \div 2^3 = (4 \times 4 \times 4 \times 4) \div (2 \times 2 \times 2) = 256 \div 8 = \underline{32}$
h) $3^4 \times 7^2 = (3 \times 3 \times 3 \times 3) \times (7 \times 7) = 81 \times 49 = \underline{3969}$
i) $7^4 - 5^4 = (7 \times 7 \times 7 \times 7) - (5 \times 5 \times 5 \times 5) = 2401 - 625 = \underline{1776}$

Page 47

6. Lorsqu'on multiplie un nombre par 10, on lui ajoute un 0 à droite. Lorsqu'on multiplie un nombre par 100, on lui ajoute deux 0 à droite. Lorsqu'on multiplie un nombre par 1000, on lui ajoute trois 0 à droite.

Colonne 1 :
a) 800
b) 340
c) 7600
d) 4290
e) 51 700
f) 6000
g) 2930
h) 820
i) 51 000
j) 78 500

Colonne 2 :
a) 6300
b) 7000
c) 5490
d) 252 000
e) 7000
f) 55 000
g) 30 000
h) 46 000
i) 3640
j) 11 000

Colonne 3 :
a) 93 000
b) 3400
c) 290
d) 48 000
e) 37 000
f) 6500
g) 9000
h) 7300
i) 8800
j) 30 700

7. a)
```
    5
   37
  ×  8
  296
```
```
   32
   43
   296
  ×  45
  1 1
  1 480
 + 11 840
  13 320
```
b)
```
  63 540 | 30
  − 60     2 118
   35
  − 30
   54
  − 30
   240
 − 240
     0
```
```
  2 118 | 6
  − 18    353
   31
  − 30
   18
  − 18
    0
```
c)
```
    1
    3
   64
  ×  39
  1
   576
 + 1 920
  2 496
```
```
    2 53
  2 496
```
d)
```
  3 682 | 7
  − 35    526
   18
  − 14
   42
  − 42
    0
```
```
   526 | 2
  − 4    263
   12
  − 12
   06
  − 6
    0
```
e)
```
    1 1
    1 1
   458
  ×  22
  1
   916
 + 9 160
  10 076
```
```
    6 5
  10 076
  90 684
```
f)
```
  5 856 | 24
  − 48    244
   1 05
  −  96
    96
  −  96
     0
```
```
   244 | 4
  − 24    61
   04
  − 4
    0
```

Page 48

8. Pour trouver les termes manquants, on procède par déduction en portant une attention particulière aux retenues (additions et multiplications) et aux emprunts (soustractions et divisions). Aussi, on doit parfois utiliser l'opération contraire. On peut procéder par tâtonnement en remplaçant les cases vides par des chiffres, et ce, en tenant compte des indices (par exemple, → + 4 = 7 → le terme manquant peut être 3 (3 + 4 = 7), 2 (2 + 4 + 1 en retenue = 7), etc.

a) 549 328 + 276 447 = 825 775
b) 806 499 − 392 178 = 414 321
c) 486 × 35 = 17 010
d) 8892 ÷ 26 = 342
e) 924 879 + 58 526 = 983 405
f) 351 645 − 189 999 = 161 646
g) 793 × 76 = 60 268
h) 5379 ÷ 33 = 163
i) 405 070 + 473 859 = 878 929
j) 748 036 − 297 542 = 450 494
k) 356 × 60 = 21 360
l) 9516 ÷ 78 = 122

9. a) 440 b) 53 c) 48 d) 123 e) 320 f) 98 g) 32 h) 195

TEST 6
Page 49

1. Les cyclistes prendront 17,3 jours pour parvenir à destination.

Pour trouver combien de jours les cyclistes prendront pour parvenir à destination, on divise la longueur du trajet par le nombre de kilomètres parcourus chaque jour. Pour arrondir au dixième près, on observe le chiffre qui se situe à la position des centièmes, soit le 2e chiffre après la virgule. Si ce chiffre est égal à 0, 1, 2, 3 ou 4, le chiffre des dixièmes reste le même, et on supprime tous les chiffres qui suivent. Si ce chiffre est égal à 5, 6, 7, 8 ou 9, on ajoute 1 au chiffre des dixièmes, et on supprime tous les chiffres qui suivent.

```
  1364,857 | 79
  − 79       17,276...
   574
  − 553
    218
  − 158
    605
  − 553
    527
  − 474
    530...
```

2. Le poids de Julien serait de 11,94 kg sur la Lune et de 171,936 kg sur Jupiter.
Le poids de Laura serait de 9,38 kg sur la Lune et de 135,12 kg sur Jupiter.
Pour trouver le poids de Julien et de Laura sur la Lune et sur Jupiter, on divise leur poids sur Terre par 6 et on multiplie leur poids sur Terre par 2,4.

```
7 1,64 | 6        56,3 | 6              ¹²¹          ¹²¹
- 6     11,94    - 54    9,3833...     71,64        56,3
  11             23                    × 2,4        × 2,4
 - 6             - 18                 ¹¹¹          ¹¹
  56             50                   28,656       22,52
 - 54            - 48               + 143,280    + 112,60
  24             20                   171,936      135,12
 - 24            - 18
   0             20...
```

4. a)
```
158,8 | 4
- 12    39,7
  38
 - 36
  28
 - 28
   0
```
b)
```
584,29 | 7
- 56     83,47
  24
 - 21
  32
 - 28
  49
 - 49
   0
```
c)
```
217,275 | 3
- 21      72,425
  07
  - 6
   12
  - 12
   07
   - 6
    15
   - 15
     0
```

3. Il faudrait ajouter 3425,77 km à la Grande Barrière de Corail.

Pour trouver combien de kilomètres il faudrait ajouter, on soustrait la longueur de la Grande Barrière de Corail de la celle de la Grande Muraille de Chine.

```
       ⁵ ⁵¹¹ ¹⁶
     6 ¹362,7⁵
   - 2 936,98
     3 425,77
```

Page 50

4. a) Il lui en coûtera 8103,70 $ pour s'équiper.
Pour calculer le coût, on additionne tous les montants.

```
   ² ⁵⁶⁶ ⁷
  6 500,00
    688,79
    159,95
     94,38
    227,44
     35,77
    163,26
     26,88
     18,69
    126,99
  +  61,55
  8 103,70
```

b) Les gants lui auront coûté 215,04 $ après 2 ans.
Pour calculer le coût des gants après 2 ans, on multiplie le coût unitaire par 8 (4 fois l'an x 2 ans).

```
2 × 4 = 8      ⁵⁷⁶
              26,88
            ×    8
             215,04
```

EXERCICES 1

Page 51

1. a)
```
  ¹   ¹
   847,36
  + 62,55
   909,91
```
b)
```
  ¹ ¹ ¹
   390,48
  + 72,827
   463,307
```
c)
```
     ¹¹
      25,600
  + 1534,993
   1560,593
```
d)
```
  ¹²¹
  479,34
   34,7
 + 8,056
  522,096
```
e)
```
 ¹¹² ¹¹
    4,573
   66,92
 + 483,797
  555,290
```
f)
```
     ¹
   745,3
 + 52,81
  798,11
```

2. a)
```
   ⁶ ¹⁴ ¹¹
  3 375,2¹01
  -  219,680
  3 155,520
```
b)
```
  ⁶ ⁵ ¹⁴
  7⁰06,5⁰0
  -  73,63
    632,87
```
c)
```
   ⁸ ¹⁶
   97⁰0,783
  - 888,260
    82,523
```
d)
```
  ⁶    ⁴
  847,¹45⁰0
  - 23,739
   823,711
```
e)
```
   ⁶⁹
  598,70⁰0
  - 65,224
   533,476
```
f)
```
     ⁸
   49,¹003
  - 15,1
   33,903
```

3. a)
```
   ¹³
   ²⁴
   73,6
  × 5,7
  ¹¹
   5152
 + 36800
  419,52
```
b)
```
   ²
   ⁴
   6,09
  × 3,5
  ¹¹
  3 045
 + 18 270
  21,315
```
c)
```
   ⁷⁵
   ²¹
   10,86
  × 9,3
  ¹⁵
  3 258
 + 97 740
  100,998
```
d)
```
  ⁵³⁷
  ¹ ¹
   46,39
  × 8,2
   9 278
 + 371 120
  380,398
```
e)
```
  ³⁴
  ³⁴
   205,7
  × 7,6
  12 342
 + 143 990
  1 563,32
```
f)
```
  ²⁴³
  ¹¹¹
  ²⁵⁴
   536,5
  × 7,38
  ¹ ²
   42 920
  160 950
 + 3 755 500
  3 959,370
```

Page 52

5. *Lorsqu'on multiplie un nombre décimal par 10, on déplace la virgule d'un chiffre vers la droite. Lorsqu'on multiplie un nombre décimal par 100, on déplace la virgule de deux chiffres vers la droite. Lorsqu'on multiplie un nombre décimal par 1000, on déplace la virgule de trois chiffres vers la droite. Lorsque la virgule dépasse les chiffres faisant partie du nombre, on ajoute un 0 pour chaque chiffre manquant. Par exemple, lorsqu'on multiplie 3,643 par 100, on obtient 364,3. Lorsqu'on divise un nombre décimal par 10, on déplace la virgule d'un chiffre vers la gauche. Lorsqu'on divise un nombre décimal par 100, on déplace la virgule de deux chiffres vers la gauche. Lorsqu'on divise un nombre décimal par 1000, on déplace la virgule de deux trois chiffres vers la gauche. Lorsque la virgule dépasse les chiffres faisant partie du nombre, on ajoute un 0 pour chaque chiffre manquant, ainsi qu'un 0 devant la virgule. Par exemple, lorsqu'on divise 78,85 par 10, on obtient 7,885.*

Colonne 1	Colonne 2	Colonne 3
a) 7,885 ✓	a) 364,3	a) 0,937
b) 24 640	b) 5,547	b) 269,2
c) 0,83	c) 72,649	c) 6,8
d) 9453	d) 450	d) 0,872
e) 68,14	e) 394,4	e) 0,645
f) 3672,9	f) 0,026	f) 307
g) 0,255	g) 100,9	g) 75 740
h) 432,7	h) 6,204	h) 413
i) 59 100	i) 70	i) 3,28
j) 8,28	j) 0,485	j) 6,937

6. a)
```
  ¹¹¹
   235,69       300,39 | 3
  + 64,70       -3       100,13
   300,39        00
                - 0
                 00
                - 0
                 03
                - 3
                 09
                - 9
                  0
```
b)
```
  ⁶ ⁷¹¹ ¹⁴            ³¹³³⁴
  7⁰08,25⁰0    563,668
  - 144,582    ×      5
   563,668     2 818,340
```
c)
```
  ⁶⁵²
   476,3
  ×    8
  3 810,4
```
```
   ⁷ ¹⁰ ⁹ ¹³ ⁹
  3 810,40⁰0
  -  691,718
  3 118,682
```
d)
```
  1 780,73 | 7
  - 14       254,39
    38
   - 35
    30
   - 28
    27
   - 21
    63
   - 63
     0
```
```
  ¹¹  ¹
   254,39
  + 299,06
   553,45
```

Page 53

7. *On doit additionner ou soustraire chaque terme de la colonne et chaque terme de la rangée en prenant soin d'aligner les virgules et de remplacer les chiffres manquants par des 0. La position des dixièmes correspond au 1er chiffre après la virgule, en partant de la gauche vers la droite. La position des centièmes correspond au 2e chiffre après la virgule, en partant de la gauche vers la droite. La position des millièmes correspond au 3e chiffre après la virgule, en partant de la gauche vers la droite. La position des dizaines correspond au 2e chiffre du nombre en partant de la droite vers la gauche. La position des unités correspond au 1er chiffre du nombre en partant de la droite vers la gauche. La position des centaines correspond au 3e chiffre du nombre en partant de la droite vers la gauche.*

	+ 69,73	− 46,4	X 8	X 3,7	÷ 2
237,9	307,63	191,5	1903,2	880,23	118,95
504,68	574,41	458,28	4037,44	1867,316	252,34
383	452,73	336,6	3064	1417,1	191,5
852,07	921,8	805,67	6816,56	3152,659	426,035
99,4	169,13	53	795,2	367,78	49,7
100,55	170,28	54,15	804,4	372,035	50,275
478,3	548,03	431,9	3826,4	1769,71	239,15
63,29	133,02	16,89	506,32	234,173	31,645

a) 574,41; 4037,44; 804,4; 3826,4
b) 307,63; 880,23; 452,73; 426,035; 169,13; 372,035; 548,03
c) 426,035; 372,035; 50,275; 31,645
d) 118,95; 458,28; 548,03
e) 574,41; 170,28; 372,035
f) 252,34; 239,15; 234,173

TEST 6.1
Page 54

1. a) Il lui en coûtera 755,01 $ pour s'équiper. *Pour calculer le coût, on additionne tous les montants.*

```
    5 4 6 7
   24,47
   68,39
   73,95
   84,69
  137,26
   41,73
  125,99
   30,59
   92,17
 + 75,77
  755,01
```

b) Les 5 chandails sont plus dispendieux que les 13 bâtons. La différence de prix entre ces deux ensembles est de 60,74 $. *Avant de comparer le coût des deux ensembles, on multiplie le prix du chandail par 5 et le prix du bâton par 13. Ensuite, on soustrait le plus petit montant du plus gros pour trouver la différence.*

```
  2 3 3              1 1 2           378,85
  75,77              24,47         − 318,11
×      5           ×    13           60,74
  378,85         1 1
                    7 341
                 + 24 470
                   318,11
```

Page 55

2. a)
```
    1
  0,009
×    24
   1
    36
 + 180
  0,216
```
b)
```
  2 1
  3 2
  1,43
×    57
 1
  1001
 + 7150
  81,51
```
c)
```
   2,11
×    18
  1688
 + 2110
  37,98
```
d)
```
  0,03
×   35
   15
 + 90
  1,05
```

e)
```
  5 2 4
  462,5
× 0,009
 4,1625
```
f)
```
   2 1
   27,3
× 1,43
   2
   819
 10 920
+ 27 300
 39,039
```
g)
```
   2,11
×   9,7
 1 1 1
 1 477
+ 18 990
 20,467
```
h)
```
     1
  100,4
× 0,03
  3,012
```

EXERCICES 2
Page 56

1. a)
```
    1
  358,90
+   0,26
  359,16
```
b)
```
     2 1
   76,3 4
 −  0,08
   76,26
```
c)
```
  54,75
−  0,60
  54,15
```
d)
```
   1 1
  4,682
+ 0,880
  5,562
```
e)
```
   8
  69,05
− 0,85
  68,20
```
f)
```
    1
  734,289
+   0,430
  734,719
```
g)
```
  1 1
  962,77
+   0,84
  963,61
```
h)
```
   9 9 9
  10,00 2
−  0,296
   9,706
```
i)
```
    8 1
  237,9 2
−   0,03
  237,89
```
j)
```
  1 1
  41,693
+  0,380
  42,073
```

2. *Pour trouver les termes manquants, on procède par déduction en portant une attention particulière aux retenues (additions et multiplications) et aux emprunts (soustractions et divisions). Aussi, on doit parfois utiliser l'opération contraire. On peut procéder par tâtonnement en remplaçant les cases vides par des chiffres, et ce, en tenant compte des indices (par exemple, 5 x ? = ?0 → le terme manquant peut être 0 (5 x 0 = 0) ; 2 (5 x 2 = 10) ; 4 (5 x 4 = 20) ; 6 (5 x 6 = 30) ou 8 (5 x 8 = 40).*

a) 552,39 + 64,58 = 616,97
b) 379,526 − 86,39 = 293,136
c) 8,65 x 9 = 77,85
d) 264,54 ÷ 3 = 88,18
e) 69,79 + 236,32 = 306,11
f) 700 − 34,23 = 665,77
g) 9,572 x 47 = 449,884
h) 817,5 ÷ 25 = 32,7
i) 36,82 + 459,5 + 7,943 = 504,263

Page 57

3. *Avant d'effectuer les opérations demandées, on doit convertir les fractions en nombres décimaux et les nombres à exposant et racines carrées en nombres entiers. Puisque les dénominateurs des fractions sont des multiples de 10, on n'a qu'à transposer en dixièmes, en centièmes et en millièmes. $\frac{4}{100}$ devient 0,04 ; $\frac{67}{1000}$ devient 0,067 ; $\frac{9}{10}$ devient 0,9 ; 6^2 devient 36 ; $\sqrt{16}$ devient 4.*

	+ $\frac{4}{100}$	+ $\frac{67}{1000}$	− $\frac{9}{10}$	× 6^2	÷ $\sqrt{16}$
504,08	504,12	504,147	503,18	18 146,88	126,02
293,656	293,696	293,723	292,756	10 571,616	73,414
89,3	89,34	89,367	88,4	3214,8	22,325
77,72	77,76	77,787	76,82	2797,92	19,43
638,9	638,94	638,967	638	23 000,4	159,725
3000	3000,04	3000,067	2999,1	108 000	750
56,384	56,424	56,451	55,484	2029,824	14,096
912,552	912,592	912,619	911,652	32 851,872	228,138

4. *Pour trouver les termes manquants dans une addition, on doit soustraire la somme du premier terme. Dans une soustraction, on soustrait la différence du premier terme. Dans une multiplication, on divise le produit par le premier terme. Dans une division, on divise le premier terme par le quotient.*

a)
```
  238,56 |39,76
− 238,56  6
       0
```
b)
```
   5 17 11
  68,2 24
 − 59,634
   8,590
```
c)
```
  87,45 |29,15
− 87,45  3
      0
```
d)
```
   6  3  7
  7 34,28 0
 − 640,953
   93,327
```
e)
```
  1153,68 |26,4
 − 1056     43,7
    976
  − 792
   1848
 − 1848
      0
```
f)
```
   4 12
  353,179
− 349,500
   3,679
```

3. Le voilier se déplace à une vitesse de 60,375 km/h.

```
    2 1
    1 1
    5 3 1
   1,852
 × 32,6
  1 1
  11112
  37040
+ 555600
 60,3752
```

147

g)
$$
\begin{array}{r|l}
642{,}56 & 80{,}32 \\
-642\,56 & 8 \\ \hline
0 &
\end{array}
$$

h)
$$
\begin{array}{r}
^{4\ 9}\\
50^{1}6{,}7^{1}0 \\
-448{,}37 \\ \hline
58{,}43
\end{array}
$$

i)
$$
\begin{array}{r|l}
36{,}30 & 8{,}25 \\
-3300 & 4{,}4 \\
3300 & \\
-3300 & \\ \hline
0 &
\end{array}
$$

Page 58

5. a) Il fait 5,9 °C au Danemark.

Pour trouver la température qu'il fait au Danemark, il faut diviser par 4 la température qu'il fait au Brésil. Pour arrondir au dixième près, on observe le chiffre qui se situe à la position des centièmes, soit le 2ᵉ chiffre après la virgule. Si ce chiffre est égal à 0, 1, 2, 3 ou 4, le chiffre des dixièmes reste le même, et on supprime tous les chiffres qui suivent. Si ce chiffre est égal à 5, 6, 7, 8 ou 9, on ajoute 1 au chiffre des dixièmes, et on supprime tous les chiffres qui suivent.

$$
\begin{array}{r|l}
23{,}5 & 4 \\
-20 & 5{,}875 \\
35 & \\
-32 & \\
30 & \\
-28 & \\
20 & \\
-20 & \\ \hline
0 &
\end{array}
$$

b) L'avion vole à une vitesse de 574,2 km/h.
Pour trouver à quelle vitesse vole l'avion, il faut multiplier par 6 la vitesse de la voiture.

$$
\begin{array}{r}
^{3\ 4}\\
95{,}7 \\
\times\ 6 \\ \hline
574{,}2
\end{array}
$$

c) Jacob a un montant de 157,29 $ dans son porte-monnaie.
Pour trouver combien d'argent Jacob a dans son porte-monnaie, on soustrait 127,39 $ du montant que possède Josiane dans le sien.

$$
\begin{array}{r}
^{7\ 5}\\
28^{1}4{,}6^{1}8 \\
-127{,}39 \\ \hline
157{,}29
\end{array}
$$

d) Le pèse-personne affiche un poids de 97,68 kg.
Pour trouver le poids que le pèse-personne affiche, on additionne 8,6 kg au poids de Mélanie pour calculer celui d'Alexandra. Ensuite, on additionne la somme obtenue au poids de Mélanie.

$$
\begin{array}{r}
^{1\ 1}\\
44{,}54 \\
+\ 8{,}60 \\ \hline
53{,}14
\end{array}
\qquad
\begin{array}{r}
44{,}54 \\
+53{,}14 \\ \hline
97{,}68
\end{array}
$$

e) L'écrivain prendra 76 jours pour écrire ce roman.
Pour trouver combien de jours il faut à l'écrivain pour écrire son roman, on divise le nombre total de pages de ce roman par le nombre de pages qu'il peut écrire chaque jour.

$$
\begin{array}{r|l}
266 & 3{,}5 \\
-245 & 7{,}6 \\
210 & \\
-210 & \\ \hline
0 &
\end{array}
$$

TEST 7
Page 59

1. $\frac{1}{8}$ de la production est réservé pour la confection de sacs à main et de bandeaux.
Pour trouver la fraction de la production de denim réservée à la confection de sacs à main et de bandeaux, on additionne toutes les autres fractions (après les avoir mises sur 24) et on soustrait la somme obtenue de la fraction qui équivaut à toute la production, soit $\frac{24}{24}$.
$\frac{24}{24} - (\frac{10}{24} + \frac{4}{24} + \frac{7}{24}) = \frac{24}{24} - \frac{21}{24} = \frac{3}{24}$ ou $\frac{1}{8}$

2. L'Autrichien s'est rendu le plus loin dans l'ascension du mont Kilimandjaro, soit les $\frac{8}{9}$.

Pour trouver quel alpiniste s'est rendu le plus loin et la fraction de l'ascension qu'il a effectuée, on multiplie chaque fraction par le nombre de fois qu'elle a été exécutée, puis on transforme les fractions obtenues en nombres décimaux en divisant le numérateur par le dénominateur. Lorsqu'on multiplie une fraction par un nombre entier, on multiplie seulement le numérateur.

Néerlandais : $3 \times \frac{2}{7} = \frac{6}{7}$ $\qquad$ $6 \div 7 = 0{,}857\ldots$

Australien : $7 \times \frac{1}{8} = \frac{7}{8}$ $\qquad$ $7 \div 8 = 0{,}875$

Suisse : $2 \times \frac{1}{3} = \frac{2}{3}$ $\qquad$ $2 \div 3 = 0{,}666\ldots$

Autrichien : $4 \times \frac{2}{9} = \frac{8}{9}$ $\qquad$ $8 \div 9 = 0{,}888\ldots$

3. La fraction du pouding-chômeur qui n'a pas été mangée est $\frac{2}{27}$.
Pour trouver quelle fraction de l'immense pouding-chômeur n'a pas été mangée, on additionne toutes les autres fractions (après les avoir mis sur 27) et on soustrait la somme obtenue de la fraction qui équivaut au gâteau en entier, soit $\frac{27}{27}$.
$\frac{27}{27} - (\frac{6}{27} + \frac{10}{27} + \frac{9}{27}) = \frac{27}{27} - \frac{25}{27} = \frac{2}{27}$

EXERCICES 1
Page 60

1. *Avant d'additionner ou de soustraire les fractions, on doit d'abord les transformer afin que le dénominateur de chacune soit le plus petit commun multiple à tous les dénominateurs. Pour réduire une fraction à sa plus simple expression, on divise le numérateur et le dénominateur par leur plus grand commun diviseur.*

a) $\frac{3}{5} = \frac{12}{20} \rightarrow \frac{12}{20} - \frac{3}{20} = \frac{9}{20}$

b) $\frac{1}{2} = \frac{4}{8} \rightarrow \frac{3}{8} + \frac{4}{8} = \frac{7}{8}$

c) $\frac{1}{3} = \frac{2}{6} \rightarrow \frac{5}{6} - \frac{2}{6} = \frac{3}{6}$ ou $\frac{1}{2}$

d) $\frac{2}{5} = \frac{4}{10} \rightarrow \frac{4}{10} + \frac{3}{10} = \frac{7}{10}$

e) $\frac{1}{4} = \frac{4}{16} \rightarrow \frac{9}{16} - \frac{4}{16} = \frac{5}{16}$

f) $\frac{1}{6} = \frac{2}{12} \rightarrow \frac{7}{12} + \frac{2}{12} = \frac{9}{12}$ ou $\frac{3}{4}$

g) $\frac{1}{3} = \frac{3}{9} \rightarrow \frac{8}{9} - \frac{3}{9} = \frac{5}{9}$

h) $\frac{4}{7} = \frac{8}{14} \rightarrow \frac{8}{14} + \frac{3}{14} = \frac{11}{14}$

i) $\frac{7}{8} = \frac{21}{24} \rightarrow \frac{21}{24} - \frac{11}{24} = \frac{10}{24}$ ou $\frac{5}{12}$

j) $\frac{2}{3} = \frac{8}{12} \rightarrow \frac{8}{12} + \frac{2}{12} = \frac{10}{12}$ ou $\frac{5}{6}$

k) $\frac{9}{10} = \frac{27}{30} \rightarrow \frac{27}{30} - \frac{7}{30} = \frac{20}{30}$ ou $\frac{2}{3}$

l) $\frac{1}{4} = \frac{3}{12} \rightarrow \frac{5}{12} + \frac{3}{12} = \frac{8}{12}$ ou $\frac{2}{3}$

Page 61

2. a) $\frac{6}{9}$ ou $\frac{3}{9}$ $\qquad$ b) $\frac{12}{5}$ ou $2\frac{2}{5}$ $\qquad$ c) $\frac{35}{9}$ ou $3\frac{8}{9}$

d) $\frac{25}{6}$ ou $4\frac{1}{6}$ $\qquad$ e) $\frac{24}{4}$ ou 6 $\qquad$ f) $\frac{8}{7}$ ou $1\frac{1}{8}$

g) $\frac{18}{10}$ ou $1\frac{8}{10}$ ou $1\frac{4}{5}$ $\qquad$ h) $\frac{9}{3}$ ou 3 $\qquad$ i) $\frac{20}{8}$ ou $2\frac{4}{8}$ ou $2\frac{1}{2}$

j) $\frac{7}{4}$ ou $1\frac{3}{4}$ $\qquad$ k) $\frac{11}{2}$ ou $5\frac{1}{2}$ $\qquad$ l) $\frac{42}{10}$ ou $4\frac{2}{10}$ ou $4\frac{1}{5}$

3. *La priorité des opérations est l'ordre selon lequel les opérations doivent être résolues ; on commence généralement par résoudre les opérations qui sont placées entre parenthèses pour ensuite résoudre les multiplications et les divisions et enfin résoudre les additions et les soustractions.*

a) $(8 \times \frac{3}{8}) - \frac{3}{4} = \frac{24}{8} - \frac{3}{4} = \frac{24}{8} - \frac{6}{8} = \frac{18}{8} = 2\frac{2}{8} = 2\frac{1}{4}$

b) $\frac{9}{4} - (3 \times \frac{7}{16}) = \frac{9}{4} - \frac{21}{16} = \frac{36}{16} - \frac{21}{16} = \frac{15}{16}$

c) $(6 \times \frac{2}{5}) + \frac{9}{10} = \frac{12}{5} + \frac{9}{10} = \frac{24}{10} + \frac{9}{10} = \frac{33}{10} = 3\frac{3}{10}$

d) $\frac{65}{12} - (4 \times \frac{5}{12}) = \frac{65}{12} - \frac{20}{12} = \frac{65}{12} - \frac{40}{12} = \frac{25}{12} = 2\frac{1}{12}$

e) $\frac{1}{2} + (5 \times \frac{5}{8}) - \frac{3}{4} = \frac{1}{2} + \frac{25}{8} - \frac{3}{4} = \frac{4}{8} + \frac{25}{8} - \frac{6}{8} = \frac{23}{8} = 2\frac{7}{8}$

4. *La distributivité est un procédé qui consiste à distribuer une multiplication ou une division sur une addition ou une soustraction placée entre parenthèses.*

a) $(8 \times \frac{2}{3}) - (8 \times \frac{1}{6}) = \frac{16}{3} - \frac{8}{6} = \frac{32}{6} - \frac{8}{6} = \frac{24}{6} = 4$

b) $(3 \times \frac{2}{5}) + (3 \times \frac{3}{10}) = \frac{6}{5} + \frac{9}{10} = \frac{12}{10} + \frac{9}{10} = \frac{21}{10} = 2\frac{1}{10}$

c) $(5 \times \frac{11}{16}) - (5 \times \frac{1}{2}) = \frac{55}{16} - \frac{5}{2} = \frac{55}{16} - \frac{40}{16} = \frac{15}{16}$

d) $(6 \times \frac{1}{3}) + (6 \times \frac{4}{9}) = \frac{6}{3} + \frac{24}{9} = \frac{18}{9} + \frac{24}{9} = \frac{42}{9} = 4\frac{6}{9} = 4\frac{2}{3}$

e) $(7 \times \frac{19}{20}) - (7 \times \frac{4}{5}) = \frac{133}{20} - \frac{28}{5} = \frac{133}{20} - \frac{112}{20} = \frac{21}{20} = 1\frac{1}{20}$

TEST 7.1
Page 62

1. Le médecin a examiné le bras de Cédric à 1 h 45.
Avant de trouver à quelle heure le médecin a examiné le bras de Cédric, on multiplie d'abord $\frac{1}{8}$ par 28. Enfin, on additionne le produit obtenu à 22 h 15.
$\frac{1}{8} \times 28 = \frac{28}{8} = 3\frac{4}{8}$ ou $3\frac{1}{2}$ $\qquad \rightarrow \qquad$ 22 h 15 + 3 h 30 = 1 h 45

2. Il reste 300 ml de jus de fruits pour Madeleine.
Avant de trouver la quantité de jus de fruits qu'il reste pour Madeleine, on transforme d'abord les fractions afin que le dénominateur de chacune soit le plus petit commun multiple à tous les dénominateurs. Ensuite, on additionne les fractions obtenues. Puis on soustrait la somme obtenue de l'équivalent d'un pichet plein en fraction ($\frac{20}{20}$). Enfin, on multiplie le nombre de millilitres total par la fraction obtenue lors de la soustraction (en multipliant par le numérateur, puis en divisant par le dénominateur).
$\frac{6}{20} + \frac{4}{20} + \frac{7}{20} = \frac{17}{20}$ $\qquad \rightarrow \qquad$ $\frac{20}{20} - \frac{17}{20} = \frac{3}{20}$ $\qquad$ 2000 × 3 ÷ 20 = 300

3. 11 fusées se sont envolées à plus de 5 m du sol.

EXERCICES 2
Page 63

1. Colorier les équations suivantes :

$\frac{1}{4} + \frac{3}{8} + \frac{6}{16}$; $\frac{2}{20} + \frac{1}{5} + \frac{7}{10}$; $\frac{4}{15} + \frac{1}{5} + \frac{16}{30}$; $\frac{10}{28} + \frac{3}{14} + \frac{3}{7}$

Avant d'additionner les fractions, on transforme d'abord celles-ci afin que le dénominateur de chacune soit le plus petit commun multiple à tous les dénominateurs.

$\frac{4}{8} + \frac{6}{8} + \frac{1}{8} = \frac{11}{8}$ ou $1\frac{3}{8}$	$\frac{2}{20} + \frac{4}{20} + \frac{14}{20} = \frac{20}{20}$ ou 1	$\frac{8}{30} + \frac{6}{30} + \frac{16}{30} = \frac{30}{30}$ ou 1
$\frac{4}{24} + \frac{8}{24} + \frac{14}{24} = \frac{27}{24}$ ou $1\frac{1}{8}$	$\frac{7}{18} + \frac{6}{18} + \frac{4}{18} = \frac{17}{18}$	$\frac{9}{27} + \frac{15}{27} + \frac{2}{27} = \frac{26}{27}$
$\frac{4}{16} + \frac{6}{16} + \frac{6}{16} = \frac{16}{16}$ ou 1	$\frac{6}{12} + \frac{5}{12} + \frac{4}{12} = \frac{15}{12}$ ou $1\frac{1}{4}$	$\frac{10}{28} + \frac{6}{28} + \frac{12}{28} = \frac{28}{28}$ ou 1

2. Colorier les équations suivantes : $\frac{4}{5} - \frac{3}{10}$; $\frac{5}{6} - \frac{6}{18}$; $\frac{7}{7} - \frac{3}{14}$; $\frac{9}{10} - \frac{2}{5}$

Avant de soustraire les fractions, on les transforme d'abord afin que le dénominateur de chacune soit le plus petit commun multiple à tous les dénominateurs.

$\frac{7}{8} - \frac{2}{8} = \frac{5}{8}$	$\frac{10}{14} - \frac{3}{14} = \frac{7}{14}$ ou $\frac{1}{2}$	$\frac{14}{20} - \frac{9}{20} = \frac{5}{20}$ ou $\frac{1}{4}$
$\frac{8}{10} - \frac{3}{10} = \frac{5}{10}$ ou $\frac{1}{2}$	$\frac{9}{10} - \frac{4}{10} = \frac{5}{10}$ ou $\frac{1}{2}$	$\frac{8}{9} - \frac{3}{9} = \frac{5}{9}$
$\frac{15}{18} - \frac{6}{18} = \frac{9}{18}$ ou $\frac{1}{2}$	$\frac{12}{16} - \frac{5}{16} = \frac{7}{16}$	

3. Voir numéros précédents.

a) $\frac{12}{16} + \frac{8}{16} = \frac{20}{16}$ ou $1\frac{4}{16}$ ou $1\frac{1}{4}$
b) $\frac{11}{3} - \frac{11}{6} = \frac{22}{6} - \frac{11}{6} = \frac{11}{6}$ ou $1\frac{5}{6}$
c) $\frac{7}{8} + \frac{4}{8} = \frac{11}{8}$ ou $1\frac{3}{8}$
d) $\frac{21}{5} - \frac{23}{10} = \frac{42}{10} - \frac{23}{10} = \frac{19}{10}$ ou $1\frac{9}{10}$
e) $\frac{12}{21} + \frac{18}{21} = \frac{30}{21}$ ou $1\frac{9}{21}$ ou $1\frac{3}{7}$
f) $\frac{8}{3} - \frac{7}{9} = \frac{24}{9} - \frac{7}{9} = \frac{17}{9}$ ou $1\frac{8}{9}$

Page 64

4. Colorier les équations suivantes : $\frac{2}{3} + \frac{7}{18} + \frac{5}{6}$; $\frac{3}{16} + \frac{3}{4} + \frac{3}{8}$; $\frac{9}{14} + \frac{5}{28} + \frac{4}{7}$; $\frac{8}{15} + \frac{17}{30} + \frac{2}{5}$; $\frac{3}{4} + \frac{5}{24} + \frac{1}{8}$; $\frac{49}{100} + \frac{17}{50} + \frac{3}{5}$

Avant d'additionner les fractions, on doit d'abord transformer celles-ci afin que le dénominateur de chacune soit le plus petit commun multiple à tous les dénominateurs.

$\frac{12}{18} + \frac{7}{18} + \frac{15}{18} = \frac{34}{18}$ ou $1\frac{16}{18}$ ou $1\frac{8}{9}$

$\frac{8}{16} + \frac{15}{16} + \frac{14}{16} = \frac{37}{16}$ ou $2\frac{5}{16}$

$\frac{2}{20} + \frac{9}{20} + \frac{8}{20} = \frac{19}{20}$

$\frac{3}{16} + \frac{12}{16} + \frac{6}{16} = \frac{21}{16}$ ou $1\frac{5}{16}$

$\frac{18}{28} + \frac{5}{28} + \frac{16}{28} = \frac{39}{28}$ ou $1\frac{11}{28}$

$\frac{32}{36} + \frac{34}{36} + \frac{31}{36} = \frac{97}{36}$ ou $2\frac{25}{36}$

$\frac{16}{30} + \frac{17}{30} + \frac{12}{30} = \frac{45}{30}$ ou $1\frac{15}{30}$ ou $1\frac{1}{2}$

$\frac{18}{24} + \frac{5}{24} + \frac{3}{24} = \frac{26}{24}$ ou $1\frac{2}{24}$ ou $1\frac{1}{12}$

$\frac{49}{100} + \frac{34}{100} + \frac{60}{100} = \frac{143}{100}$ ou $1\frac{43}{100}$

5. *Pour réduire une fraction à sa plus simple expression, on divise le numérateur et le dénominateur par leur plus grand commun diviseur. Pour transformer une fraction en nombre fractionnaire, on divise le numérateur par le dénominateur : le quotient devient le nombre entier et le reste devient le numérateur de la fraction qui accompagne le nombre entier.*

a) $(\frac{8}{9} - \frac{3}{9}) \times 7 = \frac{5}{9} \times 7 = \frac{35}{9} = 3\frac{8}{9}$
b) $\frac{6}{2} + \frac{40}{6} = \frac{18}{6} + \frac{40}{6} = \frac{58}{6} = 9\frac{4}{6} = 9\frac{2}{3}$
c) $\frac{20}{7} - (\frac{42}{21} - \frac{17}{21}) = \frac{20}{7} - \frac{25}{21} = \frac{60}{21} - \frac{25}{21} = \frac{35}{21} = 1\frac{14}{21} = 1\frac{2}{3}$
d) $3 \times (\frac{9}{15} + \frac{8}{15}) = 3 \times \frac{17}{15} = \frac{51}{15} = 3\frac{6}{15} = 3\frac{2}{5}$
e) $(\frac{10}{16} + \frac{3}{16}) + \frac{4}{8} - \frac{1}{4} = \frac{13}{16} + \frac{8}{16} - \frac{4}{16} = \frac{17}{16} = 1\frac{1}{16}$

6. Voir numéro précédent.

	×3	$+\frac{5}{24}$	$-\frac{1}{24}$	×7	$\times 4 + \frac{1}{2}$	$\times 6 - \frac{9}{24}$
$\frac{1}{2}$	$1\frac{1}{2}$	$\frac{17}{24}$	$\frac{11}{24}$	$3\frac{1}{2}$	$2\frac{1}{2}$	$2\frac{5}{8}$
$\frac{3}{4}$	$2\frac{1}{4}$	$\frac{23}{24}$	$\frac{17}{24}$	$5\frac{1}{4}$	$3\frac{1}{2}$	$4\frac{1}{8}$
$\frac{5}{6}$	$2\frac{1}{2}$	$1\frac{1}{24}$	$\frac{19}{24}$	$5\frac{5}{6}$	$3\frac{5}{6}$	$4\frac{5}{8}$
$\frac{3}{8}$	$1\frac{1}{8}$	$\frac{7}{12}$	$\frac{1}{3}$	$2\frac{5}{8}$	2	$1\frac{7}{8}$
$\frac{11}{12}$	$2\frac{3}{4}$	$1\frac{1}{8}$	$\frac{7}{8}$	$6\frac{5}{12}$	$4\frac{1}{6}$	$5\frac{1}{8}$
$\frac{15}{24}$	1 7/8	$\frac{5}{6}$	$\frac{7}{12}$	$4\frac{3}{8}$	3	$3\frac{3}{8}$

TEST 8
Page 65

1. *Les coordonnées sont des couples formés par la rencontre d'un point de l'axe des abscisses (axe horizontal) avec un point de l'axe des ordonnées (axe vertical). Pour marquer les coordonnées d'un point, on suit la ligne horizontale (devant l'abscisse) et la ligne verticale (devant l'ordonnée), et ce, jusqu'à leur intersection. Lorsqu'un point se trouve dans le quadrant 1 (au-dessus de l'axe des abscisses et à droite de l'axe des ordonnées), ses coordonnées sont composées de nombres entiers positifs. Lorsqu'un point se trouve dans le quadrant 2 (au-dessus de l'axe des abscisses et à gauche de l'axe des ordonnées), ses coordonnées sont composées d'un nombre entier négatif suivi d'un nombre entier positif. Lorsqu'un point se trouve dans le quadrant 3 (au-dessous de l'axe des abscisses et à gauche de l'axe des ordonnées), ses coordonnées sont composées de deux nombres entiers négatifs. Lorsqu'un point se trouve dans le quadrant 4 (au-dessous de l'axe des abscisses et à droite de l'axe des ordonnées), ses coordonnées sont composées d'un nombre entier positif suivi d'un nombre entier négatif. On doit ensuite relier les coordonnées entre elles dans l'ordre établi.*

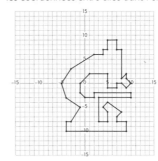

Réponse :
L'instrument de prédilection du père de Sébastien est le microscope.

EXERCICES 1
Page 66

1. *Pour trouver les coordonnées d'un point, on suit la ligne horizontale (devant l'abscisse) et la ligne verticale (devant l'ordonnée), et ce, jusqu'à leur intersection où ce point se trouve. L'abscisse (position à l'horizontale) précède l'ordonnée (position à la verticale) dans l'écriture des coordonnées. Voir page 65, n° 1.*

A (-5, 0) B (-4, 0) C (-5, -1) D (-7, 0) E (-9, 1) F: (-9, 3) G: (-10, 4) H: (-11, 3) I: (-11, 2) J: (-13, 2) K: (-14, 1) L: (-12, 1) M: (-13, 0) N: (-13, -1) O: (-11, -1) P: (-12, -2) Q: (-11, -3) R: (-10, -3) S: (-9,-1) T: (-8, -2) U: (-6, -3) V: (-4,-2) W: (-4, -4) X: (-3, -5) Y: (-5, -5) Z: (-7, -6) AA: (-8, -9) BB: (-9, -10) CC: (-10, -9) DD: (-11, -9) EE: (-13, -10) FF: (-13, -11) GG: (-12, -12) HH: (-10, -13) II: (-9, -12) JJ: (-8, -12) KK: (-6, -11) LL: (-5, -8) MM: (-3, -7) NN: (-3, -11) OO: (-6, -12) PP: (-7, -13) QQ: (-7, -14) RR: (-4, -14) SS: (-3, -13) TT: (-1, -13) UU: (0, -12) VV: (-1, -10) WW: (0, -8)

2. *Pour compléter l'axe vertical, on procède en débutant par les données connues : la conciergerie est au 2e sous-sol ; la chaufferie est sous la conciergerie, donc au 3e sous-sol ; la réserve est entre la conciergerie et la cafétéria, donc au 1er sous-sol, et la cafétéria est au rez-de-chaussée ; l'administration est juste au-dessus de la cafétéria, donc au 1er étage ; les cabinets de travail sont entre l'administration et la salle de conférence, donc au 2e étage, et la salle de conférence est au 3e étage ; puisque la salle de conférence est située juste au-dessous des archives, celles-ci sont au 4e étage ; la salle multimédia est située juste au-dessus des archives, donc au 5e étage.*

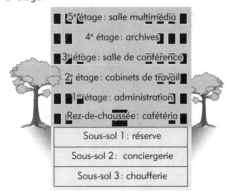

3. *Pour compléter l'axe horizontal, on procède en débutant par les données connues : le remorqueur est à la position –2 ; le porte-avions est situé juste à gauche du remorqueur, donc à –3 ; le bateau-phare est situé entre le chalutier et le porte-avions, donc le bateau-phare est à –4 et le chalutier est à –5 ; la vedette est située juste à droite du bateau-pompe, à deux places du remorqueur, donc la vedette est à 0 et le bateau-pompe à –1 ; le chalutier est situé à droite du porte-conteneurs, donc le porte-conteneurs est à –6 ; le baliseur n'a pas de bateau à sa droite, donc il est à 6 ; puisque la corvette n'est pas à côté de la pirogue et que celle-ci est située à gauche de la frégate, la corvette est à 5, la pirogue est à 3 et la frégate à 4.*

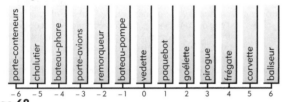

4. *Voir page 65, n° 1.*

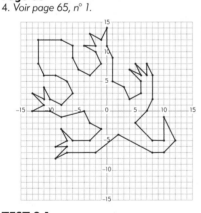

Réponse : La bestiole qui s'est faufilée dans le sac de couchage est un lézard ou une salamandre.

TEST 8.1
1. *Voir page 65, n° 1.*
   a) Saskatchewan b) Nunavut c) Yukon d) Ontario
   e) Colombie-Britannique f) Terre-Neuve-et-Labrador
   g) Territoires du Nord-Ouest

EXERCICES 2
1. *Voir page 65, n° 1. La symétrie est la reproduction d'un motif ou d'une partie de motif de l'autre côté d'un axe de réflexion par effet miroir. Dans ce cas-ci, l'axe des ordonnées (axe vertical) est l'axe de réflexion. L'usage du papier-calque est conseillé.*

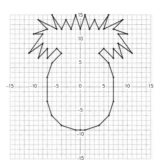

Les 23 nouvelles coordonnées sont : (1, 15) (2, 12) (3, 14) (4, 12) (6, 15) (5, 12) (9, 14) (7, 12) (10, 11) (8, 11) (11, 7) (8, 9) (9, 6) (7, 8) (7, 6) (5, 8) (4, 7) (6, 5) (7, 2) (7, -3) (6, -6) (4, -8) (1, -9)

2. *Sur l'axe AB, chaque segment correspond à un écart de 8. Sur l'axe CD, chaque segment correspond à un écart de 3. Sur l'axe EF, chaque segment correspond à un écart de 1. Sur l'axe GH, chaque segment correspond à un écart de 10. Sur l'axe IJ, chaque segment correspond à un écart de 0,5. Sur l'axe KL, chaque segment correspond à un écart de 0,25.*

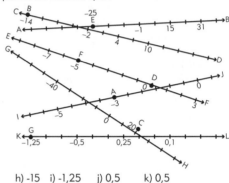

h) -15   i) -1,25   j) 0,5   k) 0,5

TEST 9
1. Les 14 niches comportent 532 faces, 728 sommets et 1092 arêtes.
   Faces → (5 x 6 faces) + 8 faces = 30 faces + 8 faces = 38 faces x 14 niches = 532 faces
   Sommets → (5 x 8 sommets) + 12 sommets = 40 sommets + 12 sommets = 52 sommets x 14 niches = 728 sommets
   Arêtes → (5 x 12 arêtes) + 18 arêtes = 60 arêtes + 18 arêtes = 78 arêtes x 14 niches = 1092 arêtes
2. Les figures planes suivantes entrent dans la composition des polyèdres servant à assembler le modèle :
   4 triangles, 6 carrés, 23 rectangles et 2 pentagones.
   Prisme à base triangulaire : 5 faces, dont 2 triangles et 3 rectangles.
   Prisme à base triangulaire : 5 faces, dont 2 triangles et 3 rectangles.
   Prisme à base carrée : 6 faces, dont 2 carrés et 4 rectangles.
   Prisme à base carrée : 6 faces, dont 2 carrés et 4 rectangles.
   Prisme à base carrée : 6 faces, dont 2 carrés et 4 rectangles.
   Prisme à base pentagonale : 7 faces, dont 2 pentagones et 5 rectangles.
3. Les 3 polyèdres qui composent le satellite sont : 2 pyramides à base triangulaire et 1 cube.
   Pyramide à base triangulaire : 4 faces qui sont des triangles.
   Pyramide à base triangulaire : 4 faces qui sont des triangles.
   Cube : 6 faces qui sont des carrés.

EXERCICES 1
1. *La relation d'Euler établit que le nombre de sommets moins le nombre d'arêtes plus le nombre de faces d'un polyèdre donne toujours 2. Les sommets sont les points qui déterminent la rencontre de 3 arêtes. Les arêtes sont les segments qui sont déterminés par la rencontre de 2 faces. Les faces sont les surfaces planes ou courbes qui délimitent le polyèdre.*
   a) 8 sommets – 12 arêtes + 6 faces = 2
   b) 4 sommets – 6 arêtes + 4 faces = 2
   c) 10 sommets – 15 arêtes + 7 faces = 2
   d) 8 sommets – 12 arêtes + 6 faces = 2
   e) 6 sommets – 10 arêtes + 6 faces = 2
   f) 10 sommets – 15 arêtes + 7 faces = 2
   g) 16 sommets – 24 arêtes + 10 faces = 2
   h) 8 sommets – 12 arêtes + 6 faces = 2
   i) 20 sommets – 30 arêtes + 12 faces = 2

Page 74

2. Le développement d'un polyèdre est la représentation, sous forme d'assemblage la plupart du temps, des figures planes (faces) qui constituent ce polyèdre. Ainsi, si un polyèdre possède 6 faces, son développement sera composé de 6 figures planes.
a) 3 carrés + 1 rectangle + 2 trapèzes
b) 3 carrés + 1 rectangle + 2 trapèzes
c) 1 carré + 4 triangles
d) 3 carrés + 2 rectangles + 2 pentagones
e) 8 triangles
f) 3 carrés + 2 triangles
g) 5 triangles + 1 pentagone
h) 2 carrés + 4 rectangles
i) 12 rectangles + 2 dodécagones

TEST 9.1
Page 75

1. Les faces sont les surfaces planes ou courbes qui délimitent le polyèdre. Les sommets sont les points qui déterminent la rencontre de 3 arêtes. Le rectangle est une figure plane à 4 angles congrus en paires et à 4 côtés congrus en paires.

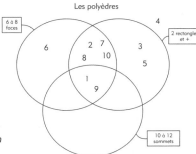

EXERCICES 2
Page 76

1. Voir page 74, n° 2.

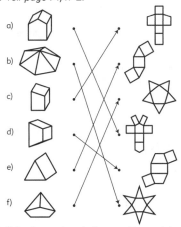

2. Selon le nombre de faces qu'ils possèdent, les polyèdres portent des noms différents. Ces noms sont composés de la racine grecque hedra, qui signifie « siège » ou « base » ou « face », et d'un préfixe qui correspond à un nombre d'origine grecque (tétra- = 4 ; penta- = 5 ; hexa- = 6 ; hepta- = 7 ; octa- = 8 ; ennéa- = 9 ; déca- = 10 ; hendéca- = 11 ; dodéca- = 12).
a) polyèdre à 6 faces b) polyèdre à 10 faces c) polyèdre à 4 faces
d) polyèdre à 8 faces e) polyèdre à 12 faces f) polyèdre à 5 faces
g) polyèdre à 9 faces h) polyèdre à 7 faces i) polyèdre à 11 faces

Page 77

3. Les faces sont les surfaces planes ou courbes qui délimitent le polyèdre. Les sommets sont les points qui déterminent la rencontre de 3 arêtes. Les arêtes sont les segments qui sont déterminés par la rencontre de 2 faces. Pour cet exercice, il est nécessaire de se représenter mentalement dans l'espace les faces, les sommets et arêtes qui ne sont pas visibles.

	a)	b)	c)	d)	e)	f)	g)	h)	i)	j)	k)	l)
Faces	8	10	5	6	5	10	7	6	6	7	10	8
Sommets	12	16	6	8	6	16	10	8	8	10	16	12
Arêtes	18	24	9	12	9	24	15	12	12	15	24	18

TEST 10
Page 78

1. Un angle droit mesure exactement 90°. Un angle aigu mesure entre 1° et 89°. Un angle obtus mesure entre 91° et 179°. Un angle rentrant mesure entre 181° et 359°.

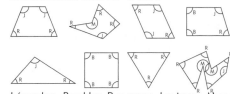

Légende : B = bleu R = rouge J = jaune M = mauve

2. Le triangle scalène possède des angles non congrus et des côtés non congrus. Le triangle rectangle possède 1 angle qui mesure 90° (angle droit). Le triangle isocèle possède 2 angles congrus et 2 côtés congrus. Le triangle équilatéral possède 3 angles congrus et 3 côtés congrus.

Triangles scalènes	Triangles rectangles	Triangles isocèles	Triangles équilatéraux
C G	B H J	E F	A D I

Page 79

3. Les angles sont des figures formées par 2 segments ayant la même origine et se mesurent en degrés (°) à l'aide d'un rapporteur, la plus petite mesure de l'angle d'un triangle étant 1° et la plus grande 178°. Pour mesurer à l'aide du rapporteur, on doit placer le point central de la base horizontale de l'instrument sur l'un des segments de l'angle (celui du bas par rapport à l'autre), puis suivre l'autre segment de l'angle jusqu'à la mesure indiquée sur le pourtour de l'instrument.
a) ∡ A = 70 degrés
   ∡ B = 40 degrés
   ∡ C = 70 degrés
b) ∡ A = 55 degrés
   ∡ B = 90 degrés
   ∡ C = 35 degrés
c) ∡ A = 80 degrés
   ∡ B = 50 degrés
   ∡ C = 50 degrés
d) ∡ A = 25 degrés
   ∡ B = 125 degrés
   ∡ C = 30 degrés

4. Dans un cercle, le rayon est un segment qui relie le centre du cercle à un point quelconque de ce cercle, le diamètre est un segment qui sépare symétriquement le cercle en passant par son centre, et la circonférence est le pourtour ou le périmètre du cercle.

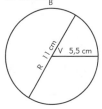

EXERCICES 1
Page 80

1. Voir page 78, n° 1 et page 79, n° 3.
   a) Accepter tout croquis qui respecte la consigne : triangle rectangle.
   b) Accepter tout croquis qui respecte la consigne : triangle scalène.
   c) Accepter tout croquis qui respecte la consigne : triangle isocèle.
   d) Accepter tout croquis qui respecte la consigne : triangle équilatéral.
2. La somme de la mesure des angles du triangle est toujours 180. On doit donc soustraire de ce total la somme des 2 angles dont on connaît déjà la mesure pour découvrir celle du troisième angle.
   a) 65 + 65 = 130 → 180 − 130 = 50°
      (Le triangle isocèle possède 2 angles congrus et 2 côtés congrus.)
   b) 34 + 90 = 124 → 180 − 124 = 56°
      (Le triangle rectangle possède 1 angle qui mesure 90°.)
   c) 64 + 68 = 132 → 180 − 132 = 48°
   d) 180 − 106 = 74 → 74 ÷ 2 = 37°
      (Le triangle isocèle possède 2 angles congrus et 2 côtés congrus.)

Page 81

3. Voir page 79, n° 3. Des angles sont supplémentaires lorsque la somme de leurs mesures fait 180°. Pour trouver l'angle supplémentaire à un autre, on doit soustraire sa mesure de 180°.
   a) ∡ ABC = 70 degrés   ∡ supplémentaire : 110 degrés
   b) ∡ DEF = 30 degrés   ∡ supplémentaire : 150 degrés
   c) ∡ GHI = 105 degrés   ∡ supplémentaire : 75 degrés
   d) ∡ JKL = 35 degrés   ∡ supplémentaire : 145 degrés
   e) ∡ MNO = 90 degrés   ∡ supplémentaire : 90 degrés
   f) ∡ PQR = 150 degrés   ∡ supplémentaire : 30 degrés
   g) ∡ STU = 55 degrés   ∡ supplémentaire : 125 degrés
   h) ∡ VWX = 120 degrés   ∡ supplémentaire : 60 degrés

Page 82

4. *Selon le nombre de côtés qu'ils possèdent, les polygones portent des noms différents. Ces noms sont composés de la racine grecque gônia, qui signifie « angle », et d'un préfixe qui correspond à un nombre d'origine grecque (tétra- = 4 ; penta- = 5 ; hexa- = 6 ; hepta- = 7 ; octa- = 8 ; ennéa- = 9 ; déca- = 10 ; hendéca- = 11 ; dodéca- = 12).*
   a) polygone à 7 côtés b) polygone à 10 côtés c) polygone à 4 côtés
   d) polygone à 9 côtés e) polygone à 6 côtés f) polygone à 3 côtés
   g) polygone à 5 côtés h) polygone à 11 côtés i) polygone à 12 côtés
   j) polygone à 8 côtés

5. *Voir page 79, n° 3. L'usage de la règle et du rapporteur est fortement conseillé.*

a) b) c)
d) e) f)

Page 83

6. *Voir page 79, n° 3. Des angles sont complémentaires lorsque la somme de leurs mesures fait 90°. Pour trouver l'angle complémentaire à un autre, on doit soustraire sa mesure de 90°.*
   a) ∠ ABC = 24 degrés   ∠ complémentaire : 66 degrés
   b) ∠ DEF = 58 degrés   ∠ complémentaire : 32 degrés
   c) ∠ GHI = 63 degrés   ∠ complémentaire : 27 degrés
   d) ∠ JKL = 49 degrés   ∠ complémentaire : 41 degrés

7. *Un angle aigu mesure entre 1° et 89°. Un angle droit mesure exactement 90°. Un angle obtus mesure entre 91° et 179°. Un angle plat mesure exactement 180°. Un angle rentrant mesure entre 181° et 359°.*

Angles aigus	Angles droits	Angles obtus	Angles plats	Angles rentrants
B G H	E J	A D I L	C	F K

TEST 10.1

Page 84

1. *L'angle au centre de la pointe de tarte de Gaston mesure 43 °. Pour trouver la mesure de l'angle au centre formé par la pointe de tarte de Gaston, on additionne les mesures des angles au centre formés par les pointes de tartes mangées par les autres membres de la famille. Ensuite, on soustrait la somme obtenue de 360° (la somme de tous les angles au centre d'un cercle).*
   360 – (88 + 117 + 56 + 56) =
   360 – 317 = 43

2. *La mesure de la circonférence du cercle est de 25,14 m. Pour trouver la circonférence d'un cercle, on multiplie son diamètre par π (arrondi ici à 3,142). Pour trouver le diamètre, on doit multiplier le rayon par 2.*
   4 x 2 x 3,142 = 25,136

3.

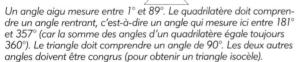

Quadrilatère de Sonia

Triangle de Michael

Un angle aigu mesure entre 1° et 89°. Le quadrilatère doit comprendre un angle rentrant, c'est-à-dire un angle qui mesure ici entre 181° et 357° (car la somme des angles d'un quadrilatère égale toujours 360°). Le triangle doit comprendre un angle de 90°. Les deux autres angles doivent être congrus (pour obtenir un triangle isocèle).

Page 85

4. *Pour trouver la circonférence d'un cercle, on multiplier son diamètre par π (3,1415... qu'on peut arrondir à 3,1416). Le diamètre d'un cercle équivaut à 2 fois son rayon. Pour arrondir un nombre à l'unité près, on observe le chiffre qui se situe à la position des dixièmes, soit le 1er chiffre après la virgule. Si ce chiffre est égal à 0, 1, 2, 3 ou 4, le chiffre des unités reste le même, et on supprime la virgule et les chiffres qui suivent. Si ce chiffre est égal à 5, 6, 7, 8 ou 9, on ajoute 1 au chiffre des unités, et on supprime la virgule et les chiffres qui suivent.*
   a) 176 dm   28 x 2 x 3,1416 = 175,9296
   b) 135 cm   43 x 3,1416 = 135,0888
   c) 232 mm   37 x 2 x 3,1416 = 232,4784
   d) 185 m   59 x 3,1416 = 185,3544
   e) 402 dm   64 x 2 x 3,1416 = 402,1248
   f) 251 cm   80 x 3,1416 = 251,328

5. *Voir page 81, n° 3. Voir page 83, n° 6.*

---

a) ∠ complémentaire : 22 °   ∠ supplémentaire : 112 °
   90° – 68° = 22°   180° – 68° = 102°
b) ∠ complémentaire : 63 °   ∠ supplémentaire : 153 °
   90° – 27° = 63°   180° – 27° = 153°
c) ∠ complémentaire : 51 °   ∠ supplémentaire : 141 °
   90° – 39° = 51°   180° – 39° = 141°
d) ∠ complémentaire : 39 °   ∠ supplémentaire : 129 °
   90° – 51° = 39°   180° – 51° = 129°
e) ∠ complémentaire : 16 °   ∠ supplémentaire : 106 °
   90° – 74° = 16°   180° – 74° = 106°
f) ∠ complémentaire : 44 °   ∠ supplémentaire : 134 °
   90° – 46° = 44°   180° – 46° = 134°
g) ∠ complémentaire : 75 °   ∠ supplémentaire : 165 °
   90° – 15° = 75°   180° – 15° = 165°
h) ∠ complémentaire : 8 °   ∠ supplémentaire : 98 °
   90° – 82° = 8°   180° – 82° = 98°

EXERCICES 2

Page 86

1. *Le triangle scalène possède des angles non congrus et des côtés non congrus. Le triangle rectangle possède 1 angle qui mesure 90° (angle droit). Le triangle isocèle possède 2 angles congrus et 2 côtés congrus. Le triangle équilatéral possède 3 angles congrus et 3 côtés congrus. Dans un cercle, le diamètre est un segment qui sépare symétriquement le cercle en passant par son centre, et la circonférence est le pourtour ou le périmètre du cercle. L'usage de la règle et du rapporteur est fortement conseillé.*
   a) Les angles du triangle dessiné doivent respectivement mesurer 52, 46 et 82 degrés.
   b) Les angles du triangle dessiné doivent respectivement mesurer 90, 30 et 60 degrés.
   c) Les côtés du triangle dessiné doivent tous mesurer 3,4 cm de long et ses angles doivent tous mesurer 60 degrés.
   d) Les angles du triangle dessiné doivent respectivement mesurer 55, 70 et 55 degrés.
   e) Le cercle dessiné doit avoir un diamètre de 5 cm, un rayon de 2,5 cm et une circonférence d'environ 15,7 cm.
   f) Le cercle dessiné doit avoir un diamètre de 5,6 cm, un rayon de 2,8 cm et une circonférence d'environ 17,6 cm.

Page 87

2. *Pour mesurer à l'aide du rapporteur, on place le point central de la base horizontale de l'instrument sur l'un des segments de l'angle, puis on suit l'autre segment de l'angle jusqu'à la mesure indiquée sur le pourtour de l'instrument.*
   a) ∠ formé par les rayons A et B = 65 °
      ∠ formé par les rayons B et C = 55 °
      ∠ formé par les rayons C et D = 40 °
      ∠ formé par les rayons D et E = 110 °
      ∠ formé par les rayons E et A = 90 °
   b) ∠ formé par les rayons A et B = 25 °
      ∠ formé par les rayons B et C = 100 °
      ∠ formé par les rayons C et D = 50 °
      ∠ formé par les rayons D et E = 15 °
      ∠ formé par les rayons E et A = 170 °
   c) ∠ formé par les rayons A et B = 60 °
      ∠ formé par les rayons B et C = 125 °
      ∠ formé par les rayons C et D = 60 °
      ∠ formé par les rayons D et E = 80 °
      ∠ formé par les rayons E et A = 35 °
   d) ∠ formé par les rayons A et B = 90 °
      ∠ formé par les rayons B et C = 125 °
      ∠ formé par les rayons C et D = 60 °
      ∠ formé par les rayons D et E = 35 °
      ∠ formé par les rayons E et A = 50 °

Page 88

3. a) Le rayon de la roue du vélo de Miguel mesure 30 cm.
      Avant de trouver la mesure du rayon de la roue du vélo de Miguel, on calcule son diamètre en divisant par 9 le diamètre de la roue à aubes du bateau à vapeur. Ensuite, on divise par 2 le quotient obtenu. Pour comparer des mesures exprimées avec des unités de mesure différentes, on convertit chaque mesure en utilisant le tableau du Système international.
      54 dm = 540 cm → 540 cm ÷ 9 = 60 cm
      → 60 cm ÷ 2 = 30 cm
   b) Chacun des deux autres angles du parallélogramme mesure 117 degrés.
      Le parallélogramme est un quadrilatère. La somme des angles d'un quadrilatère donne toujours 360°. Le parallélogramme

compte deux paires d'angles congrues. Pour trouver la mesure des deux autres angles du parallélogramme, on additionne d'abord les mesures des deux angles connus. Ensuite, on soustrait la somme obtenue de 360. Enfin, on divise la différence obtenue par 2.

63° + 63° = 136° → 360° – 136° = 224° → 224° ÷ 2 = 112

c) Pénélope a disposé les 4 triangles de la façon suivante : Le carré possède 4 côtés congrus et 4 angles droits (90°). Le triangle rectangle est un polygone qui possède un angle droit (90°). Le triangle isocèle possède 2 angles congrus et 2 côtés congrus. Le triangle scalène possède des angles non congrus et des côtés non congrus.

d) Clément a utilisé 24 pailles pour former les rayons de son assiette.
Dans un cercle, le rayon est un segment qui relie le centre du cercle à un point quelconque de ce cercle. L'angle au centre est un angle formé par 2 rayons et son sommet est situé au centre du cercle. Puisqu'un cercle mesure 360°, on doit diviser ce nombre par 15 pour trouver le nombre de pailles (rayons) utilisées.
360 ÷ 15 = 24

e) La somme de la mesure des angles des figures planes composant la pyramide à base carrée est de 1080 degrés.
La somme des angles d'un carré est de 360°. La somme des angles d'un triangle est de 180°. Pour trouver la somme des angles qui composent la pyramide à base carrée, on doit d'abord multiplier la somme des angles d'un triangle par 4, puis additionner la somme des angles d'un carré au produit obtenu.
(180 x 4) + 360 = 720 + 360 = 1080

TEST 11
Page 89

1. Pour reproduire une figure par translation, on déplace cette figure dans la direction demandée sans en changer l'aspect. L'usage du papier-calque est conseillé.

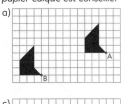

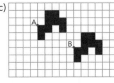

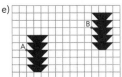

EXERCICES 1
Page 90

1. Une frise est la reproduction d'un motif par symétrie alternée sur une même ligne. Pour reproduire une frise par translation, on déplace le motif de cette frise dans la direction demandée sans en changer l'aspect. L'usage du papier-calque et du rapporteur est conseillé.

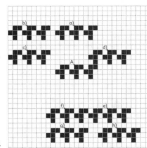

Page 91

2. Voir page 89, n° 1. L'usage du papier-calque est fortement conseillé. Les coordonnées sont des couples formés par la rencontre d'un point de l'axe des abscisses (axe horizontal) avec un point de l'axe des ordonnées (axe vertical).

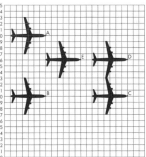

Coordonnées du point B : (H, 10)
Coordonnées du point C : (V, 10)
Coordonnées du point D : (V, 16)
Coordonnées du point E : (N, 16)

TEST 11.1
Page 92

1. Voir page 90, n° 1. L'usage du papier-calque est fortement conseillé. Pour les directions, se référer à la rose des vents ci-jointe.

a) 8,5 cm et 15° vers le sud-ouest

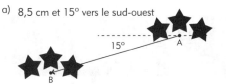

b) 7 cm et 10° vers le nord-est

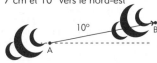

2. Un dallage est la reproduction d'un motif par symétrie alternée dans un plan où les axes de réflexion sont perpendiculaires. Pour reproduire un dallage par translation, on déplace le motif dans une direction à la fois sans en changer l'aspect. L'usage du papier-calque et du rapporteur est conseillé. Pour les directions, se référer à la rose des vents du le numéro précédent.

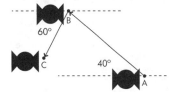

EXERCICES 2
Page 93

1. Pour reproduire l'illustration par translation, on la déplace dans la direction demandée sans en changer l'aspect. L'usage du papier-calque, de la règle et du rapporteur d'angles est fortement conseillé. 14 h (2 h) = angle de 60° vers la droite par rapport à la verticale ; 9 h = angle de 270° vers la droite par rapport à la verticale ; 13 h (1 h) = angle de 30° vers la droite par rapport à la verticale ; 6 h = angle de 180° vers la droite par rapport à la verticale ; 11 h = ange de 330° vers la droite par rapport à la verticale.

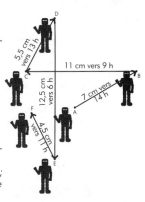

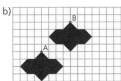

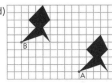

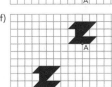

Page 94

2. *Pour reproduire le dallage par translation, on doit le déplacer dans la direction demandée sans en changer l'aspect. L'usage du papier-calque, de la règle et du rapporteur d'angles est fortement conseillé. 16 h (4 h) = angle de 120° vers la droite par rapport à la verticale ; 8 h = angle de 240° vers la droite par rapport à la verticale ; 17 h (5 h) = angle de 150° vers la droite par rapport à la verticale ; 13 h (1 h) = angle de 30° vers la droite par rapport à la verticale ; 6 h = angle de 180° vers la droite par rapport à la verticale.*

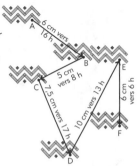

TEST 12
Page 95

1. *Pour comparer des mesures exprimées avec des unités de mesure différentes, on doit convertir chaque mesure en utilisant le tableau du Système international. Lorsqu'on se déplace vers la droite, on multiplie par 10 (et on déplace la virgule vers la gauche). Lorsqu'on se déplace vers la gauche, on divise par 10 (et on déplace la virgule vers la droite). Par exemple, pour comparer 78,5 dm et 758 cm :*

kilomètre	hectomètre	décamètre	mètre	décimètre	centimètre	millimètre
			7	8	5	0
			7	5	8	0

Le chiffre représentant les unités dans la mesure doit être placé sous l'unité de mesure adéquate. Le chiffre des dizaines est placé dans la case de l'unité précédente, etc. Tous les chiffres manquants peuvent être remplacés par des 0. La mesure 78,5 dm est donc plus grande que la mesure 758 cm. Le symbole < signifie « est plus petit que ». Le symbole > signifie « est plus grand que ». Le symbole = signifie « est égal à ».
a) > b) < c) = d) > e) < f) < g) > h) > i) = j) > k) > l) <

2. *L'ordre croissant consiste à placer les nombres du plus petit au plus grand. On doit convertir chaque mesure en utilisant le tableau du Système international.*
27,53 cm; 32,45 cm; 37,24 cm; 543,2 mm; 2374 mm; 25,34 dm; 45,23 dm; 723,4 cm; 7243 mm; 7,342 m; 253,4 dm; 43,25 m; 243,5 m; 7324 dm; 2,453 km; 3,524 km; 3542 m; 4,235 km

3. *Pour mesurer la longueur de chaque couleuvre, on place la ligne qui correspond à 0 sur sa règle exactement au bout de la tête de la couleuvre. On inscrit ensuite la mesure obtenue au bout de la queue de la couleuvre sur la règle. On doit convertir chaque mesure en utilisant le tableau du Système international.*
a) 0,99 dm b) 124 mm c) 0,066 m d) 8,4 cm e) 1,35 dm
f) 0,091 m

EXERCICES 1
Page 96

1. *On additionne, soustrait, multiplie ou divise chaque terme de la colonne de gauche avec chaque terme de la rangée du haut. Mais d'abord, on doit convertir en centimètres les unités de mesure en utilisant le tableau du Système international. Pour arrondir au dixième près, on observe le chiffre qui se situe à la position des centièmes, soit le 2ᵉ chiffre après la virgule. Si ce chiffre est égal à 0, 1, 2, 3 ou 4, le chiffre des dixièmes reste le même, et on supprime tous les chiffres qui suivent. Si ce chiffre est égal à 5, 6, 7, 8 ou 9, on ajoute 1 au chiffre des dixièmes, et on supprime tous les chiffres qui suivent.*

5,36 m = 536 cm		97,4 dm = 974 cm
8 208 mm = 820,8 cm		678,3 cm = 678,3 cm
10 m = 1 000 cm		179 mm = 17,9 cm
0,08 m = 8 cm		4,5 cm = 4,5 cm

	+ 179 mm	− 0,08 m	+ 4,5 cm	x 7	÷ 4
5,36 m	553,9 cm	528 cm	540,5 cm	3752 cm	134 cm
97,4 dm	991,9 cm	966 cm	978,5 cm	6818 cm	243,5 cm
8208 mm	838,7 cm	812,8 cm	825,3 cm	5745,6 cm	205,2 cm
678,3 cm	696,2 cm	670,3 cm	682,8 cm	4748,1 cm	169,6 cm
10 m	1017,9 cm	992 cm	1004,5 cm	7000 cm	250 cm

2. *Le périmètre d'une figure est la longueur du contour de celle-ci. Avant de calculer le périmètre des figures, on doit convertir les unités de mesure en utilisant le tableau du Système international.*
Figure A → les 4 côtés mesurent chacun 1080 mm ou 108 cm ou 10,8 dm ou 1,08 m.
Figure B → 2 côtés mesurent chacun 1260 mm ou 126 cm ou 12,6 dm ou 1,26 m et 2 côtés mesurent chacun 540 mm ou 54 cm ou 5,4 dm ou 0,54 m.
Figure C → 2 côtés mesurent chacun 720 mm ou 72 cm ou 7,2 dm ou 0,72 m et 2 côtés mesurent chacun 1080 mm ou 108 cm ou 10,8 dm ou 1,08 m.
Figure D → les 4 côtés mesurent chacun 1260 mm ou 126 cm ou 12,6 dm ou 1,26 m.
a) 43,2 dm b) 360 cm c) 3600 mm d) 50,4 dm e) 8,28 m

Page 97

3. *Avant de tracer les traits du trajet parcouru par le bernard-l'ermite, on doit convertir en cm les unités de mesure en utilisant le tableau du Système international. Voir page 95, nº 1.*
7 cm = 7 cm   53 mm = 5,3 cm
0,37 dm = 3,7 cm   30 mm = 3 cm
0,8 dm = 8 cm   5 cm = 5 cm
1,42 dm = 14,2 cm   40 mm = 4 cm
Le nord correspond au haut de la page. Le sud correspond au bas de la page. L'ouest correspond à la gauche de la page et l'est à la droite de la page.

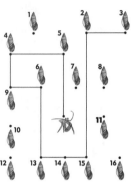

TEST 12.1
Page 98

1. *Les spéléologues doivent franchir une distance de 193,25 m.*
Pour trouver la distance totale à franchir, on additionne toutes les mesures des galeries en prenant soin de convertir les unités de mesure en mètres en utilisant le tableau du Système international.

$$\begin{array}{r} {}^{2\ 2} \\ 28,70 \\ 54,60 \\ 36,95 \\ + 73,00 \\ \hline 193,25 \end{array}$$

2. *La distance entre Moscou et Hong Kong est d'environ 7201 km.*
Pour trouver la distance entre Moscou et Hong Kong, on divise par 53 la distance entre la Lune et la Terre. Pour arrondir à l'unité près, on observe le chiffre qui se situe à la position des dixièmes, soit le 1ᵉʳ chiffre après la virgule. Si ce chiffre est égal à 0, 1, 2, 3 ou 4, le chiffre des unités reste le même, et on supprime la virgule et les chiffres qui suivent. Si ce chiffre est égal à 5, 6, 7, 8 ou 9, on ajoute 1 au chiffre des unités, et on supprime la virgule et les chiffres qui suivent.

$$\begin{array}{r} 381\,\cancel{650} \\ -371 \\ \hline 106 \\ -106 \\ \hline 05 \\ -0 \\ \hline 50 \\ -0 \\ \hline 500... \end{array} \bigg| \begin{array}{l} 53 \\ \hline 7200,9 \end{array}$$

3. *L'éleveur de bétail a planté 1965 poteaux pour clôturer son champ. Explications : Il faut diviser 8646 par 2 (2 broches entre chaque poteau), puis par 2,2 (distance entre chaque poteau).*

EXERCICES 2
Page 99

1. *Avant de placer chacune des mesures dans la bonne colonne, on doit convertir les unités de mesure en décimètres en utilisant le tableau du Système international.*
46,2 dm 11,74 dm 43,7 dm 0,68 dm 133 dm 98,7 dm
71,6 dm 49,8 dm 9,14 dm 126 dm 7,25 dm 26 dm
134,9 dm 50 dm 95 dm 38,9 dm 63,5 dm 84,37 dm

Entre 0 dm et 45 dm		Entre 46 dm et 90 dm		Entre 91 dm et 135 dm	
389 cm	725 mm	5 m	71,6 dm	9,5 m	13,3 m
914 mm	6,8 cm	462 cm	6,35 cm	126 dm	1349 cm
2,6 m	1174 mm	8437 mm	498 cm	987 cm	
43,7 dm					

2. *Avant d'additionner ou de soustraire les mesures de longueur, on doit convertir les unités de mesure en utilisant le tableau du Système international. Voir page 95, n° 1.*
   a) 47 dm = 470 cm et 26 m = 2600 cm
      → 470 cm + 2600 cm = 3070 cm
   b) 8 dm = 0,8 m et 57 cm = 0,57 m → 0,8 m − 0,57 m = 0,23 m
   c) 15,8 dm = 1580 mm et 33,6 cm = 336 mm
      → 1580 mm + 336 mm = 1916 mm
   d) 784 m = 78 400 cm et 0,65 km = 65 000 cm
      → 78 400 cm − 65 000 cm = 13 400 cm
   e) 537 cm = 53,7 dm et 4,86 m = 48,6 dm
      → 53,7 dm − 48,6 dm = 5,1 dm
   f) 3,645 m = 36,45 dm et 488 mm = 4,88 dm
      → 36,45 dm + 4,88 dm = 41,33 dm
   g) 62 564 mm = 6256,4 cm et 17,5 m = 1750 cm
      → 6256,4 cm − 1750 cm = 4506,4 cm
   h) 9,32 dm = 932 mm et 0,756 m = 756 mm
      → 932 mm + 756 mm = 1688 mm
3. *Avant d'effectuer les équations, on doit convertir les unités de mesure en utilisant le tableau du Système international.*
   a) 8,7 m x 6 = 52,2 m   b) 448,2 cm ÷ 6 = 74,7 cm
   c) 392 mm ÷ 7 = 56 mm   d) 0,53 dm x 27 = 14,31 dm
   e) 0,746 km x 48 = 35,808 km   f) 976,5 dm ÷ 5 = 195,3 dm
   g) 56 800 cm ÷ 8 = 7100 cm   h) 49,28 m x 34 = 1675,52 m

Page 100
4. *L'ordre décroissant consiste à placer les nombres du plus grand au plus petit. Avant de relier les points, on doit convertir les mesures en millimètres en utilisant le tableau du Système international.*
   Réponse : La concierge doit remplacer une ampoule électrique.

TEST 13
Page 101
1. La mesure de la surface de l'édifice est de 742,1 m².
   Pour trouver la mesure de la surface de l'édifice, on multiplie d'abord la longueur par la largeur du rectangle (on doit diviser la longueur par 2 pour trouver la largeur). Ensuite, on multiplie la longueur par la largeur du carré et on multiplie le produit obtenu par 2 (parce qu'il y a 2 carrés). Ensuite, on additionne la surface du rectangle à celle des deux carrés.

```
  36,8 | 2          5 6       3      1            111 1
 − 2    ‾‾‾‾        2 3      4         32,49      677,12
 ‾‾‾‾‾  18,4       36,8     5,7      ×    2     + 64,98
  16              ×  18,4  ×  5,7     ‾‾‾‾‾‾‾‾    ‾‾‾‾‾‾
 − 16             ‾‾‾‾‾‾   ‾‾‾‾‾      64,98       742,10
 ‾‾‾‾             1472     399
  08              29440   + 2850
 − 8             + 36800   ‾‾‾‾‾‾
 ‾‾‾             ‾‾‾‾‾‾    32,49
  0               677,12
```

2. La mesure de la surface du cerf-volant de Mathilde est de 2300 cm².
   Pour trouver la mesure de la surface du cerf-volant, on multiplie la longueur par la largeur du plus grand triangle. Ensuite, on multiplie la longueur par la largeur du plus petit triangle et on additionne le produit obtenu à la surface du plus grand triangle. Puisque 2 triangles rectangles d'égales dimensions donnent un rectangle, on n'a pas besoin de diviser par 2 puis de multiplier par 2, ce qui serait redondant.

```
     1      2       1 1 1
     4      1 1      1325
     25      25     + 975
   ×  39   ×  53     ‾‾‾‾
   ‾‾‾‾‾   ‾‾‾‾‾     2300
    225      75
  + 750   + 1250
   ‾‾‾‾    ‾‾‾‾‾
    975     1325
```

3. La mesure de la surface de la portion du quai qui n'est pas occupée par la cargaison du cargo est de 2088 m². (L'aire du quai étant de 3465 m² et celle occupée par les conteneurs étant de 1377 m².)
   Pour trouver la mesure de la surface de la portion du quai qui n'est pas occupée par la cargaison, on calcule d'abord la surface totale du quai en multipliant sa longueur par sa largeur. Ensuite, on divise par 5 le nombre de conteneurs pour chaque forme de conteneur (car on compte 5 conteneurs par empilage). Puis on calcule la surface de chaque conteneur en la multipliant par le quotient obtenu pour chacun. Enfin, on additionne les deux surfaces couvertes par les conteneurs pour soustraire la somme obtenue de la surface totale du quai.

```
   3
   45      135 ÷ 5 = 27     220 ÷ 5 = 44      3 15
 ×  77                                       346̸5
 ‾‾‾‾      3 × 6 = 18       4,5 × 4,5 = 20,25  − 1377
  315                                         ‾‾‾‾‾
 + 3150      5                 1 2            2088
 ‾‾‾‾       27                20,25
  3465     ×  18            ×   44
           ‾‾‾              ‾‾‾‾‾             1
           216              8100             891
         + 270            + 81000          + 486
          ‾‾‾             ‾‾‾‾‾‾            ‾‾‾‾
          486             891,00           1377
```

EXERCICES 1
Page 102
1. *L'aire de la surface d'un carré ou d'un rectangle s'obtient en multipliant sa longueur par sa largeur.*
   a) (12 x 12) + (16 x 16) + (8 x 4) + (20 x 8) = 144 + 256 + 32 + 160 = 592 cm²
   b) (30 x 3) + (18 x 9) + (15 x 6) + (15 x 9) = 90 + 162 + 90 + 135 = 477 dm²
   c) (72 x 36) + (18 x 45) = 2592 + 810 = 3402 m²
   d) (30 x 18) + (6 x 24) + (12 x 30) + (30 x 42) = 540 + 144 + 360 + 1260 = 2304 cm²
   e) (56 x 49) + (28 x 21) = 2744 + 588 = 3332 dm²
   f) (16 x 48) + (24 x 24) + (32 x 64) = 768 + 576 + 2048 = 3392 cm²
   g) (30 x 30) + (60 x 15) = 900 + 900 = 1 800 mm²
   h) (12 x 4) + (16 x 8) + (14 x 6) + (10 x 4) + (4 x 2) = 48 + 128 + 84 + 40 + 8 = 308 m²

Page 103
2. *Voir page 102, n° 1.*
   a) 16,5 x (6 x 5) = 16,5 x 30 = 495 m²
   b) [2 x (3 + 6)] x 9 = (2 x 9) x 9 = 18 x 9 = 162 m²
   c) 27,4 x 27,4 = 750,76 m²
   d) (14 + 14) x 15 = 28 x 15 = 420 m²

TEST 13.1
Page 104
1. La mesure de la surface de la portion occupée par les 100 verges est de 4466,62 m².
   Pour trouver la mesure de la surface de la portion occupée par les 100 verges, on multiplie d'abord la longueur du terrain par sa largeur, puis on soustrait du produit obtenu la mesure de la surface non occupée par les 100 verges. Pour arrondir au centième près, on observe le chiffre qui se situe à la position des millièmes, soit le 3ᵉ chiffre après la virgule. Si ce chiffre est égal à 0, 1, 2, 3 ou 4, le chiffre des centièmes reste le même, et on supprime tous les chiffres qui suivent. Si ce chiffre est égal à 5, 6, 7, 8 ou 9, on ajoute 1 au chiffre des centièmes, et on supprime tous les chiffres qui suivent.

```
        3 2 1
        7 5 2
      109,73
    ×    48,8
    ‾‾‾‾‾‾‾‾
    1 2 2 1 1
    87784
    877840
  − 4389200
   ‾‾‾‾‾‾‾‾
    5354,824

    4 12 14
    535̸4,824
  − 888,200
   ‾‾‾‾‾‾‾‾
    4466,624
```

2. La mesure de la surface de la forêt est de 1443,3 km².
   Pour trouver la surface de la forêt, on doit d'abord trouver la mesure de la surface de chaque section en multipliant sa longueur par sa largeur. L'un des côtés de la section 1 doit être divisé par 3 (1/3). L'un des côtés de la section 2 doit être multiplié par 0,75 (3/4). L'un des côtés de la section 3 doit être multiplié par 0,4 (2/5). Ensuite, pour chaque section, on multiplie la longueur par la largeur. Enfin, on additionne les trois produits obtenus. Pour arrondir au dixième près, on observe le chiffre qui se situe à la position des centièmes, soit le 2ᵉ chiffre après la virgule. Si ce chiffre est égal à 0, 1, 2, 3 ou 4, le chiffre des dixièmes reste le même, et on supprime tous les chiffres qui suivent. Si ce chiffre est égal à 5, 6, 7, 8 ou 9, on ajoute 1 au chiffre des dixièmes, et on supprime tous les chiffres qui suivent.

```
  18,6 | 3          6 5        22,3
 − 18   ‾‾‾‾         4 4      ×  0,4
 ‾‾‾‾‾  6,2         38,8       ‾‾‾‾‾
  06              ×  0,75      8,92
 − 6              ‾‾‾‾‾
 ‾‾‾              1 1
  0               1940
                + 27160
                 ‾‾‾‾‾‾
                 29,100

                                 1 2 1 1
     5 3         1 1       1 2     115,320
     1 1         7 7       2 2    1129,080
     18,6        38,8      22,3   + 198,916
   ×  6,2      ×  29,1   ×  8,92   ‾‾‾‾‾‾‾
   ‾‾‾‾‾       ‾‾‾‾‾     ‾‾‾‾‾    1443,316
   1 1 1       1 1 1
    372         388       446
 + 11160      34920     20070
  ‾‾‾‾‾      + 77600   + 178400
  115,32      ‾‾‾‾‾     ‾‾‾‾‾‾
             1129,08    198,916
```

3. La mesure de la surface de tapis que le couvreur devra installer est de 6261 dm². *Avant de trouver la surface du tapis, on convertit les unités de mesure en utilisant le tableau du Système international. Ensuite, on multiplie pour chaque pièce la longueur par la largeur. Enfin, on additionne tous les produits obtenus.*

$$
\begin{array}{r}
\overset{2}{\underset{1}{}}\ \\
58 \\
\times\ 32 \\
\hline
116 \\
+\ 1740 \\
\hline
1856
\end{array}
\qquad
\begin{array}{r}
\overset{2}{\underset{6}{}}\ \\
49 \\
\times\ 37 \\
\hline
343 \\
+\ 1470 \\
\hline
1813
\end{array}
\qquad
\begin{array}{r}
\overset{1}{\underset{2}{}}\ \\
64 \\
\times\ 40,5 \\
\hline
320 \\
000 \\
+\ 25600 \\
\hline
2592,0
\end{array}
$$

$$
\begin{array}{r}
\overset{2\ 1\ 1}{}\ \\
1856 \\
1813 \\
+\ 2592 \\
\hline
6261
\end{array}
$$

EXERCICES 2
Page 105

1. *Voir page 102, n° 1. Avant de calculer l'aire des figures, on doit d'abord convertir les unités de mesure en utilisant le tableau du Système international.*
   a) (32 x 12) + (32 x 20) = 384 + 640 = 1024 cm²
   b) (6 x 9) + (24 x 15) + (9 x 6) + (6 x 3) = 54 + 360 + 54 + 18 = 486 dm²
   c) (50 x 15) + (35 x 15) + (15 x 15) = 750 + 525 + 225 = 1500 m²
   d) (54 x 90) + (27 x 45) + (18 x 27) = 4860 + 1215 + 486 = 6561 mm²
   e) (64 x 32) + (40 x 24) + (32 x 24) = 2048 + 960 + 768 = 3776 dm²
   f) (10 x 12) + [(10 x 12) ÷ 2)] + [(16 x 12) ÷ 2] = 120 + 60 + 96 = 276 cm²
   g) (32 x 20) + [(24 x 20) ÷ 2] = 640 + 240 = 880 mm²
   h) [(72 x 36) ÷ 2] + [(72 x 36) ÷ 2] = 1296 + 1296 = 2592 m²

Page 106

2. *Le périmètre d'une figure est la longueur du contour de celle-ci ou la somme de la mesure de ses côtés. L'aire d'une figure s'obtient en multipliant sa longueur par sa largeur.*

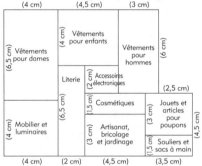

   a) Périmètre : 3 + 3 + 6 + 6
      → 13,5 + 13,5 + 27 + 27 = 81 m
      Aire : (3 x 6) → 13,5 x 27 = 364,5 m²
   b) Périmètre : 2,5 + 2,5 + 2 + 2
      → 11,25 + 11,25 + 9 + 9 = 40,5 m
      Aire : 2,5 x 2 → 11,25 x 9 = 101,25 m²
   c) Périmètre : 2 + 2 + 6,5 + 6,5
      → 9 + 9 + 29,25 + 29,25 = 76,5 m
      Aire : 2 x 6,5 → 9 x 29,25 = 263,25 m²
   d) Périmètre : 4 + 4 + 10,5 + 10,5
      → 18 + 18 + 47,25 + 47,25 = 130,5 m
      Aire : 4 x 10,5 → 18 x 47,25 = 850,5 m²
   e) Périmètre : 4,5 + 4,5 + 4,5 + 4,5
      → 20,25 + 20,25 + 20,25 + 20,25 = 81 m
      Aire : 4,5 x 4,5 → 20,25 x 20,25 = 410,0625 m²
   f) Périmètre : 11,5 + 6 + 2,5 + 4,5 + 14 + 10,5
      → 51,75 + 27 + 11,25 + 20,25 + 63 + 47,25 = 220,5 m
      Aire : (11,5 x 6) + (14 x 4,5) → (51,75 x 27) + (63 x 20,25) = 1397,25 + 1275,75 = 2673 m²

TEST 14
Page 107

1. La marmotte peut y entasser un volume de provisions de 60 552 cm³. *Pour trouver le volume de cette pièce, on multiplie sa longueur par sa largeur et par sa hauteur.*

$$
\begin{array}{r}
\overset{2}{\underset{4}{}}\ \\
58 \\
\times\ 36 \\
\hline
348 \\
+\ 1740 \\
\hline
2088
\end{array}
\qquad
\begin{array}{r}
\overset{1\ 1}{\underset{7\ 7}{}}\ \\
2088 \\
\times\ 29 \\
\hline
18792 \\
+\ 41760 \\
\hline
60552
\end{array}
$$

2. Les 4 réservoirs contiennent ensemble un volume d'eau de 418,7 m³. *Pour trouver le volume des 4 réservoirs, on multiplie d'abord pour chaque réservoir sa longueur par sa largeur et par sa hauteur. Ensuite, on additionne ensemble tous les produits obtenus. Pour arrondir au dixième près, on observe le chiffre qui se situe à la position des centièmes, soit le 2ᵉ chiffre après la virgule. Si ce chiffre est égal à 0, 1, 2, 3 ou 4, le chiffre des dixièmes reste le même, et on supprime tous les chiffres qui suivent. Si ce chiffre est égal à 5, 6, 7, 8 ou 9, on ajoute 1 au chiffre des dixièmes, et on supprime tous les chiffres qui suivent.*
   (8,2 x 3,3 x 5,25) + (7,82 x 4,6 x 5) + (6,4 x 2,8 x 2,7) + (6,4 x 2,8 x 2,7) = 142,065 + 179,86 + 48,384 + 48,384 = 418,693

3. Sébastien peut ranger 102 boîtes de revues dans l'armoire. *Pour savoir combien de boîtes Sébastien peut ranger dans l'armoire, on multiplie d'abord la longueur par la largeur par la hauteur de l'armoire, puis on multiplie la longueur par la largeur par la hauteur d'une boîte. Ensuite, on divise le produit obtenu pour l'armoire par le produit obtenu pour la boîte.*
   (25 x 17 x 6) ÷ (5 x 2 x 2,5) = 2550 ÷ 25 = 102

EXERCICES 1
Page 108

1. *Le volume d'un cube, d'un prisme à base carrée ou d'un prisme à base rectangulaire s'obtient en multipliant la longueur par la largeur par la profondeur.*
   a) (16,5 x 27,5 x 27,5) + (22 x 16,5 x 27,5) = 12 478,125 + 9982,5 = 22 460,63 cm³
   b) (12,6 x 25,2 x 21) + (16,8 x 12,6 x 21) + (12,6 x 25,2 x 21) = 6667,92 + 4445,28 + 6667,92 = 17 781,12 mm³
   c) (28,8 x 21,6 x 10,8) + (14,4 x 7,2 x 10,8) = 6718,464 + 1119,744 = 7838,208 dm³
   d) (70 x 40 x 60) + (50 x 30 x 60) + (30 x 20 x 60) + (30 x 40 x 60) = 168 000 + 90 000 + 36 000 + 72 000 = 366 000 m³
   e) (20 x 10 x 20) + (15 x 10 x 20) + (45 x 10 x 20) + (15 x 25 x 20) = 4000 + 3000 + 9000 + 7500 = 23 500 cm³
   f) (12 x 32 x 16) + (16 x 32 x 16) + (16 x 12 x 16) = 6144 + 8192 + 3072 = 17 408 dm³
   g) (63 x 28 x 21) + (21 x 14 x 21) + (28 x 35 x 21) = 37 044 + 6174 + 20580 = 63 798 m³
   h) (42 x 24 x 18) + (18 x 24 x 18) + (18 x 36 x 18) + (12 x 18 x 18) = 18 144 + 7776 + 11 664 + 3888 = 41 472 mm³

Page 109

2. a)
$$
\begin{array}{r}
\overset{1}{}\ \\
12 \\
\times\ 9 \\
\hline
108
\end{array}
\qquad
\begin{array}{r}
1620\ \lfloor\underline{108} \\
-108\quad \overline{15} \\
\hline
540 \\
-540 \\
\hline
0
\end{array}
$$

   b)
$$
\begin{array}{r}
\overset{2}{}\ \\
23 \\
\times\ 7 \\
\hline
161
\end{array}
\qquad
\begin{array}{r}
2576\ \lfloor\underline{161} \\
-161\quad \overline{16} \\
\hline
966 \\
-966 \\
\hline
0
\end{array}
$$

   c)
$$
\begin{array}{r}
\overset{1}{\underset{2}{}}\ \\
36 \\
\times\ 24 \\
\hline
144 \\
+\ 720 \\
\hline
864
\end{array}
\qquad
\begin{array}{r}
12960\ \lfloor\underline{864} \\
-864\quad \overline{15} \\
\hline
4320 \\
-4320 \\
\hline
0
\end{array}
$$

   d)
$$
\begin{array}{r}
\overset{1}{\underset{5}{}}\ \\
47 \\
\times\ 28 \\
\hline
376 \\
+\ 940 \\
\hline
1316
\end{array}
\qquad
\begin{array}{r}
\overset{1\ 3}{}\ \\
1316 \\
\times\ 6 \\
\hline
7896
\end{array}
$$

   e)
$$
\begin{array}{r}
72\ \lfloor\underline{9} \\
-72\quad \overline{8} \\
\hline
0
\end{array}
\qquad
\begin{array}{r}
\overset{1}{}\ \\
72 \\
\times\ 8 \\
\hline
576
\end{array}
\qquad
\begin{array}{r}
28800\ \lfloor\underline{576} \\
-2880\quad \overline{50} \\
\hline
00 \\
-0 \\
\hline
0
\end{array}
$$

TEST 14.1
Page 110

1. L'agriculteur peut entreposer 2184 ballots de foin dans sa grange. *Pour calculer le nombre de ballots que l'agriculteur peut entreposer dans sa grange, on doit d'abord trouver le volume de la grange et celui d'un ballot. Pour ce faire, on multiplie la longueur par la largeur par la hauteur. Ensuite, on divise le volume de la grange par celui du ballot.*
   (65 x 28 x 6) ÷ (2,5 x 1,6 x 1,25) = 10 920 ÷ 5 = 2184

2. Le volume de la cabine touriste de l'avion est de 1159,2 m³. *Pour trouver le volume de la cabine touriste de l'avion, on doit d'abord trouver le volume de la soute à bagages en multipliant sa longueur par sa largeur par sa hauteur, puis multiplier le produit obtenu par 14. On doit aussi convertir les unités de mesure en utilisant le tableau du Système international.*
   (8 x 4,5 x 2,3) x 14 = 82,8 x 14 = 1159,2

3. Les 77 camions peuvent transporter un volume de neige de 17 023,5 m³ en 5 chargements.

Pour calculer le volume de neige que les camions peuvent transporter, on doit d'abord trouver le volume de la benne basculante en multipliant sa longueur par sa largeur par sa hauteur, puis multiplier le produit obtenu par 77 (nombre de camions) et par 5 (nombre de chargements par camion). Pour arrondir au dixième près, on observe le chiffre qui se situe à la position des centièmes, soit le 2ᵉ chiffre après la virgule. Si ce chiffre est égal à 0, 1, 2, 3 ou 4, le chiffre des dixièmes reste le même, et on supprime tous les chiffres qui suivent. Si ce chiffre est égal à 5, 6, 7, 8 ou 9, on ajoute 1 au chiffre des dixièmes, et on supprime tous les chiffres qui suivent.
(4,25 × 3,6 × 2,89) × 77 × 5 = 44,217 × 385 = 17023,545

4. Un volume d'eau de 13 155 dm³ se retrouve dans le reste de la salle de bain.

Pour calculer le volume d'eau qui se retrouve dans la salle de bains, on doit d'abord trouver le volume du contenu de la baignoire et celui de la salle de bains (en changeant la hauteur pour 6,7 dm) en multipliant leur longueur par leur largeur par leur hauteur. Ensuite, on doit soustraire du volume de la salle de bains celui de la baignoire. Pour arrondir à l'unité près, on observe le chiffre qui se situe à la position des dixièmes, soit le 1ᵉʳ chiffre après la virgule. Si ce chiffre est égal à 0, 1, 2, 3 ou 4, le chiffre des unités reste le même, et on supprime la virgule et les chiffres qui suivent. Si ce chiffre est égal à 5, 6, 7, 8 ou 9, on ajoute 1 au chiffre des unités, et on supprime la virgule et les chiffres qui suivent.
(52 × 43 × 6,7) − (21,8 × 12,5 × 6,7) = 14 981,2 − 1825,75 = 13 155,45

EXERCICES 2
Page 111

1. *Le volume d'un cube, d'un prisme à base carrée ou d'un prisme à base rectangulaire s'obtient en multipliant la longueur par la largeur et par la profondeur. On doit convertir les unités de mesure en utilisant le tableau du Système international.*
   a) (2,5 × 2 × 2) + (1,5 × 2,5 × 2) = 10 + 7,5 = 17,5 m³
   b) (10 × 10 × 15) + (15 × 20 × 15) + (10 × 30 × 15) + (15 × 10 × 15) = 1500 + 4500 + 4500 + 2250 = 12 750 dm³
   c) (8 × 6 × 6) + (10 × 8 × 6) + (10 × 8 × 6) = 288 + 480 + 480 = 1248 m³
   d) (12 × 12 × 12) + (18 × 6 × 12) + (12 × 12 × 12) + (18 × 6 × 12) = 1728 + 1296 + 1728 + 1296 = 6048 cm³
   e) (80 × 16 × 32) + (60 × 16 × 32) + (56 × 16 × 32) = 40 960 + 30 720 + 28 672 = 100 352 mm³
   f) (45 × 60 × 45) + (75 × 105 × 45) + (45 × 30 × 45) = 121 500 + 354 375 + 60 750 = 536 625 dm³
   g) (2,6 × 0,6 × 0,8) + (0,6 × 0,4 × 0,8) + (0,8 × 0,4 × 0,8) = 1,248 + 0,192 + 0,256 = 1,696 m³
   h) (20 × 30 × 15) + (20 × 25 × 15) + (20 × 15 × 15) = 9000 + 7500 + 4500 = 21 000 cm³

Page 112

2. *Le volume d'un cube, d'un prisme à base carrée ou d'un prisme à base rectangulaire s'obtient en multipliant la longueur par la largeur par la profondeur.*
   a) Le volume compris dans l'espace sous l'escalier est de 421 200 cm³.
      15 × (18 × 26 × 60) = 15 × 28 080 = 421 200
   b) La hauteur de l'édifice est de 40 m.
      12 330 ÷ (22,5 × 13,7) = 12 330 ÷ 308,25 = 40
   c) Après avoir converti les mesures en décimètres, on doit d'abord trouver le volume de la partie du prisme dont la largeur est 2,4 dm (ou 24 cm) : 2,4 dm × 4,8 dm × 3,2 dm = 36,684 dm³
      Ensuite, on doit trouver le volume de la partie restante (celle qu'on obtient en soustrayant 24 cm de 36 cm) :
      3,6 dm − 2,4 dm = 1,2 dm
      Puis on trouve le volume de cette seconde partie :
      1,2 dm × 4,8 dm × 3,2 dm = 18,432 dm³

      Mais puisque le volume d'un prisme à base triangulaire dont les bases sont des triangles rectangles vaut la moitié du volume d'un prisme à base rectangulaire, on doit diviser le volume obtenu par 2 :
      18,432 dm³ ÷ 2 = 9,216 dm³
      Enfin, on doit additionner le volume de la première partie et celui de la seconde :
      36,684 dm³ + 9,216 dm³ = 45,9 dm³
   d) Juliette peut placer 45 sandwichs dans son panier.
      81 000 ÷ (15 × 15 × 8) = 81 000 ÷ 1800 = 45

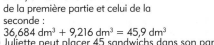

TEST 15
Page 113

1. La capacité de la marmite est de 9,15 l.
   Pour trouver la capacité de la marmite, on multiplie le nombre de bocaux par le nombre de millilitres contenu dans chaque bocal. Ensuite, on additionne chaque produit obtenu. Enfin, on convertit les unités de mesure en utilisant le tableau du Système international ou en divisant sa réponse par 1000.
   [(3 × 750) + (6 × 625) + (7 × 450)] ÷ 1000 =
   (2250 + 3750 + 3150) ÷ 1000 =
   9150 ÷ 1000 = 9,150 l

2. Marc peut boire 547,5 l d'eau en une année.
   Pour trouver combien de litres d'eau Marc-André peut boire en une année, on soustrait d'abord la quantité de lait de la quantité de liquide qu'on doit boire chaque jour en convertissant les millilitres en litres. Ensuite, on multiplie par 365 (nombre de jours dans une année) la différence obtenue.
   (2 − 0,5) × 365 = 1,5 × 365 = 547,5 l

3. 9912 ml d'eau auront été gaspillés après une semaine à cause du robinet qui fuit.
   Pour trouver combien de millilitres d'eau auront été gaspillés, on multiplie la quantité d'eau qui dégoutte chaque heure par le nombre d'heures dans une journée (24), puis par le nombre de jours dans une semaine (7).
   59 × 24 × 7 = 1416 × 7 = 9912 ml

4. Le marchand devra déposer 45 poids de métal sur le plateau.
   Pour trouver le nombre de poids de métal que le marchand devra déposer sur le plateau, on convertit d'abord les kilogrammes en grammes (en multipliant par 1000), puis on divise le poids du basilic par celui du métal.
   2700 ÷ 60 = 45

EXERCICES 1
Page 114

1. *Pour convertir les unités de mesure, on doit utiliser le tableau du Système international. On peut également diviser les litres par 1000 pour obtenir les millilitres ou multiplier les millilitres par 1000 pour obtenir les litres.*
   a) 5 + 5 + 2 + 2 + 0,225 + 0,225 = 14,45 l
   b) 2000 + 2000 + 2000 + 500 + 500 + 500 + 2 + 2 = 7504 ml
   c) 5 + 5 + 0,225 + 0,225 + 0,225 + 0,002 + 0,002 + 0,002 + 0,002 = 10,685 l
   d) 45,5 + 45,5 + 5 + 5 + 5 + 0,5 + 0,5 + 0,5 + 0,5 = 108,5 l
   e) 2000 + 500 + 225 + 225 + 225 + 225 = 3400 ml
   f) 45,5 + 5 + 5 + 2 + 2 + 2 = 61,5 l
   g) 45,5 + 0,5 + 0,5 + 0,002 + 0,002 + 0,002 + 0,002 + 0,002 = 46,51 l
   h) 225 + 225 + 225 + 225 + 225 + 225 + 2 + 2 + 2 + 2 + 2 = 1362 ml

TEST 15.1
Page 115

1. Daphnée devra répéter l'exercice 53 fois.
   Pour trouver combien de fois Daphnée devra répéter l'exercice, on divise le nombre total de millilitres (795) par le nombre de millilitres contenu dans une cuiller à café (15).

   795 | 15
   − 75 | 53
   ‾‾‾‾
   45
   ± 45
   ‾‾‾‾
   0

2. Il faut 4 camions-citernes pour approvisionner 37 maisons en mazout.
   Pour trouver combien de camions-citernes il faut, on doit d'abord multiplier le nombre de litres contenu dans une citerne domestique (2000) par le nombre de maisons (37). Ensuite, on divise le produit obtenu par le nombre de litres contenu dans un camion-citerne (18 500).

   ²⁴
   2000
   × 37
   ‾‾‾‾
   14000
   + 60000
   ‾‾‾‾
   74000

   74 000 | 18 500
   − 74 000 | 4
   ‾‾‾‾
   0

3. 22 572 l d'eau sont acheminés quotidiennement vers l'usine de traitement des eaux usées.
   Pour trouver combien de litres d'eau sont acheminés quotidiennement vers l'usine, on multiplie d'abord le nombre d'habitants (836) par le nombre de fois que chacun tire la chasse d'eau quotidiennement (6). Ensuite, on multiplie le produit obtenu par le nombre de litres évacués à chaque chasse d'eau (4500 ml = 4,5 l).

   ²³
   836
   × 6
   ‾‾‾‾
   5016

   ²³
   5016
   × 4,5
   ‾‾‾‾
   25080
   + 200640
   ‾‾‾‾
   22572,0

4. Le kangourou pèse environ 90 kg, et le wombat, environ 45 kg.
Pour trouver le poids du kangourou, on multiplie le poids du koala (7,5) par 12. Pour trouver le poids du wombat, on divise le poids du kangourou par 2.

$$\begin{array}{r|l} 90 & 2 \\ -8 & \overline{45} \\ \hline 10 & \\ -10 & \\ \hline 0 & \end{array} \qquad \begin{array}{r} \quad\quad 7,5 \\ \times\ 12 \\ \hline 150 \\ +\ 750 \\ \hline 90,0 \end{array}$$

EXERCICES 2
Page 116
1. *Pour convertir les unités de mesure, on utilise le tableau du Système international. On peut également diviser les kilogrammes par 1000 pour obtenir les grammes ou multiplier les grammes par 1000 pour obtenir les kilogrammes.*
   a) 8000 + 8000 + 3630 + 3630 + 1200 + 1200 = 25 660 g
   b) 24,5 + 0,95 + 0,95 + 12 + 12 = 50,4 kg
   c) 950 + 950 + 950 + 3630 + 3630 + 3630 + 3630 = 17 370 g
   d) 24,5 + 24,5 + 8 + 8 + 8 + 12 = 85 kg
   e) 8000 + 950 + 3630 + 1200 = 13 780 g
   f) 24,5 + 3,63 + 1,2 + 1,2 = 30,53 kg
   g) 1200 + 1200 + 1200 + 1200 + 850 + 950 = 6700 g
   h) 24,5 + 0,95 + 0,95 + 3,63 + 12 = 42,03 kg

TEST 16
Page 117
1. La mère de Nathan doit préchauffer le four à 400 °F.
   Pour convertir la température donnée en degrés Celsius en degrés Fahrenheit, on doit multiplier par 9, diviser par 5 et additionner 32. Pour arrondir à la dizaine près, on observe le chiffre qui se situe à la position des unités, soit le 1ᵉʳ chiffre en partant de la droite vers la gauche. Si ce chiffre est égal à 0, 1, 2, 3 ou 4, le chiffre des dizaines reste le même, et on remplace le chiffre qui suit par 0. Si ce chiffre est égal à 5, 6, 7, 8 ou 9, on ajoute 1 au chiffre des dizaines, et on remplace le chiffre qui suit par 0.

$$\begin{array}{r} 1845 \\ 205 \\ \times\ 9 \\ \hline 1845 \end{array} \qquad \begin{array}{r|l} 1845 & 5 \\ -15 & \overline{369} \\ \hline 34 & \\ -30 & \\ \hline 45 & \\ -45 & \\ \hline 0 & \end{array} \qquad \begin{array}{r} 369 \\ +\ 32 \\ \hline 401 \end{array}$$

2. L'écart de température que subit la Lune est de 300 °C.
   Pour trouver l'écart de température que subit la lune, on additionne sa température minimale à sa température maximale sans tenir compte des nombres entiers négatifs.

$$\begin{array}{r} 173 \\ +\ 127 \\ \hline 300 \end{array}$$

3. La température à la surface du Soleil est 162 fois plus élevée que celle à l'intérieur du corps humain.
   Pour trouver combien de fois la température à la surface du Soleil est plus chaude que celle du corps humain, on divise la première par la seconde. Pour arrondir à l'unité près, on observe le chiffre qui se situe à la position des dixièmes, soit le 1ᵉʳ chiffre après la virgule. Si ce chiffre est égal à 0, 1, 2, 3 ou 4, le chiffre des unités reste le même, et on supprime la virgule et les chiffres qui suivent. Si ce chiffre est égal à 5, 6, 7, 8 ou 9, on ajoute 1 au chiffre des unités, et on supprime la virgule et les chiffres qui suivent.

$$\begin{array}{r|l} 6000 & 37 \\ -37 & \overline{162,1\ldots} \\ \hline 230 & \\ -222 & \\ \hline 80 & \\ -74 & \\ \hline 60 & \\ -37 & \\ \hline 230\ldots & \end{array}$$

EXERCICES 1
Page 118
1. *La température se mesure en degrés Celsius (°C) à l'aide d'un thermomètre ; les températures au-dessus de 0° C s'expriment par des nombres entiers positifs, et les températures au-dessous de 0° C s'expriment par des entiers négatifs.*

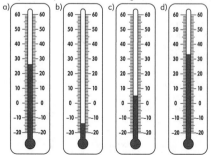

2. La température annuelle moyenne de la ville de Sherbrooke pour les 6 mois les plus chauds de l'année est 13,3 °C.

Pour calculer la température moyenne annuelle, on additionne les températures, puis on divise par 6 la somme obtenue. Pour arrondir au dixième près, on observe le chiffre qui se situe à la position des centièmes, soit le 2ᵉ chiffre après la virgule. Si ce chiffre est égal à 0, 1, 2, 3 ou 4, le chiffre des dixièmes reste le même, et on supprime tous les chiffres qui suivent. Si ce chiffre est égal à 5, 6, 7, 8 ou 9, on ajoute 1 au chiffre des dixièmes, et on supprime tous les chiffres qui suivent. (11 + 16 + 18 + 17 + 12 + 6) ÷ 6 = 80 ÷ 6 = 13,333…

TEST 16.1
Page 119
1. L'écart de température entre le zéro absolu et la température de vaporisation de l'eau est de 373,11 °C.
   Pour trouver l'écart de température entre le zéro absolu et la température de la vaporisation de l'eau, on soustrait la température du zéro absolu de celle de la vaporisation de l'eau. Puisqu'on soustrait un nombre entier positif à un nombre entier négatif, on obtient donc une addition : 99,96 - (-273,15) = 99,96 + 273,15
2. *Pour calculer la moyenne arithmétique, on doit additionner ensemble tous les nombres, puis diviser par la quantité de nombres additionnés.*
   a) 22,7 °C
   Pour arrondir au dixième près, on observe le chiffre qui se situe à la position des centièmes, soit le 2ᵉ chiffre après la virgule. Si ce chiffre est égal à 0, 1, 2, 3 ou 4, le chiffre des dixièmes reste le même, et on supprime tous les chiffres qui suivent. Si ce chiffre est égal à 5, 6, 7, 8 ou 9, on ajoute 1 au chiffre des dixièmes, et on supprime tous les chiffres qui suivent.
   22 + 21 + 24 + 25 + 22 + 22 + 22 + 22 + 23 + 23 + 23 + 23 = 272 → 272 ÷ 12 = 22,666…
   b) 6,83 °C
   Pour arrondir au centième près, on observe le chiffre qui se situe à la position des millièmes, soit le 3ᵉ chiffre après la virgule. Si ce chiffre est égal à 0, 1, 2, 3 ou 4, le chiffre des centièmes reste le même, et on supprime tous les chiffres qui suivent. Si ce chiffre est égal à 5, 6, 7, 8 ou 9, on ajoute 1 au chiffre des centièmes, et on supprime tous les chiffres qui suivent.
   9 + 9 + 8 + 7 + 6 + 6 + 5 + 5 + 6 + 6 + 7 + 8 = 82 → 82 ÷ 12 = 6,833…
   c) 16 °C
   Pour trouver l'écart moyen de la température à Arequipa, on soustrait la moyenne minimale de la moyenne maximale. Pour arrondir à l'unité près, on observe le chiffre qui se situe à la position des dixièmes, soit le 1ᵉʳ chiffre après la virgule. Si ce chiffre est égal à 0, 1, 2, 3 ou 4, le chiffre des unités reste le même, et on supprime la virgule et les chiffres qui suivent. Si ce chiffre est égal à 5, 6, 7, 8 ou 9, on ajoute 1 au chiffre des unités, et on supprime la virgule et les chiffres qui suivent.
   22,666 – 6,833 = 15,833
3. La température moyenne à Whitehorse pour le mois d'avril est de 0 °C.
   Pour trouver la température moyenne à Whitehorse au mois d'avril, on doit d'abord trouver la température de Winnipeg en additionnant 18 °C à la température d'Iqaluit (–14 °C). Ensuite, on soustrait 4 °C de la somme obtenue. Pour résoudre une équation qui comporte des entiers positifs et des entiers négatifs, on doit tenir compte des règles suivantes : deux signes pareils, on les additionne et on garde le même signe (aucun symbole pour les entiers positifs et « – » pour les entiers négatifs ; deux signes contraires, on les soustrait et le plus fort l'emporte. On peut également utiliser la droite numérique pour effectuer les calculs.
   (–14 + 18) – 4 = 4 – 4 = 0 °C

EXERCICES 2
Page 120
1. *Dans ce diagramme à bandes, la température en °C est indiquée par un ruban vertical (vers le haut pour les températures positives et vers le bas pour les températures négatives). Pour trouver la température associée à chaque ville, il suffit de suivre la ligne horizontale en haut ou en bas de chaque bande jusqu'à la colonne des températures. Pour trouver l'écart de température entre deux villes, on soustrait la plus basse température de la plus haute. Pour trouver la température moyenne d'une ville, on additionne les températures des 12 mois, puis on divise la somme obtenue par 12. Pour arrondir à l'unité près, on observe le chiffre qui se situe à la position des dixièmes, soit le 1ᵉʳ chiffre après la virgule. Si ce chiffre est égal à 0, 1, 2, 3 ou 4, le chiffre des unités reste le même, et on supprime la virgule et les chiffres qui suivent. Si ce chiffre est égal à 5, 6, 7, 8 ou 9, on ajoute 1 au chiffre des unités, et on supprime la virgule et les chiffres qui suivent.*
   a) Yellowknife b) Vancouver c) 17 °C d) 0 °C e) 10 °C

TEST 17
Page 121

1. *Le diagramme circulaire est une représentation graphique dans laquelle on exprime des données quantitatives à l'aide d'une section proportionnelle à la totalité du disque. Pour répondre aux questions, on doit d'abord multiplier le nombre de kWh par le pourcentage. Pour arrondir à l'unité près, on observe le chiffre qui se situe à la position des dixièmes, soit le 1er chiffre après la virgule. Si ce chiffre est égal à 0, 1, 2, 3 ou 4, le chiffre des unités reste le même, et on supprime la virgule et les chiffres qui suivent. Si ce chiffre est égal à 5, 6, 7, 8 ou 9, on ajoute 1 au chiffre des unités, et on supprime la virgule et les chiffres qui suivent.*
   a) 4254 x 11,6 ÷ 100 = 493,464 kWh
   b) 4254 x 3,1 ÷ 100 = 131,874 kWh
   c) (4254 x 15,5 ÷ 100) + (4254 x 21,1 ÷ 100) = 659,37 + 897,594 = 1556,964 kWh
   d) (4254 x 14,9 ÷ 100) – (4254 x 13,5 ÷ 100) = 633,846 – 574,29 = 59,556 kWh
   e) (4254 x 18,5 ÷ 100) – (4254 x 1,8 ÷ 100) = 786,99 – 76,572 = 701,418 kWh

Page 122

2. a) 283 030   b) 185 696
   c) (30 100 + 40 800 + 28 100) – (945 + 1000 + 400) = 99 000 – 2345 = 96 655
   d) 62 240 - 18 645 = 43 595
   e) 58 891 - 45 920 = 12 971

Page 123

3. Les pêcheurs attrapent en moyenne 711 crustacés chaque jour.
   Pour calculer la moyenne de crustacés que les pêcheurs prennent dans leurs filets chaque jour, on additionne d'abord le nombre de crustacés attrapés du lundi au vendredi, puis on divise la somme obtenue par le nombre de jours (5). Pour arrondir à l'unité près, on observe le chiffre qui se situe à la position des dixièmes, soit le 1er chiffre après la virgule. Si ce chiffre est égal à 0, 1, 2, 3 ou 4, le chiffre des unités reste le même, et on supprime la virgule et les chiffres qui suivent. Si ce chiffre est égal à 5, 6, 7, 8 ou 9, on ajoute 1 au chiffre des unités, et on supprime la virgule et les chiffres qui suivent.

lundi	674	
mardi	723	
mercredi	958	
jeudi	720	(674 + 46)
vendredi	+ 479	(958 ÷ 2)
	3554	

   ```
        ²²
      3554 |5
     - 35   710,8
       05
      - 5
       04
      - 0
        40
      - 40
         0
   ```

4. a) Possibilités : 6
   Combinaisons : GÉO, GOÉ, ÉOG, ÉGO, OGÉ, OÉG
   b) Possibilités : 24
   Combinaisons : MATH, MAHT, MTAH, MTHA, MHAT, MHTA, TAMH, TAHM, THMA, THAM, TMAH, TMHA, AMHT, AMTH, ATHM, ATMH, AHMT, AHTM, HMTA, HMAT, HTAM, HTMA, HATM, HAMT
5. a) 1 chance sur 32   b) 8 chances sur 32   c) 4 chances sur 32

EXERCICES 1
Page 124

1. *Voir page 121, n° 1.*
   a) 37 500 x 36 ÷ 100 ÷ 12 = 1125 $
   b) (42 900 x 19 ÷ 100) ÷ 12 = 679,25 $
   c) (298 x 100 ÷ 7) x 12 = 51 085,71 $. On arrondis à 51 086 $
   d) (643 x 100 ÷ 20) x 12 = 38 580 $
   e) (92 x 100 ÷ 4) x 12 = 27 600 → 27 600 x 5 ÷ 100 ÷ 12 = 115 $

Page 125

2. a)
   ```
      ³⁵⁵
     24,99
     64,99
     72,99
     25,99
     56,99
   + 35,99
    281,94
   ```
   b)
   ```
      ⁴³³
     28,44
     57,88
     76,33
     24,77
     44,44
   + 39,55
    271,41
   ```
   c) On doit trouver le total du coût de la marchandise pour chaque magasin et prendre le moins élevé, donc le magasin C.
   Magasin A = 316,40 $
   Magasin B = 281,94 $
   Magasin C = 232,37 $
   Magasin D = 291,20 $
   Magasin E = 271,41 $

   d)
   ```
      ²³²
     89,75      378,38 |5
     72,99    - 35      75,676
     54,77      28
     84,54    - 25
   + 76,33      33
    378,38    - 30
                38
              - 35
                30
              - 30
                 0
   ```
   e) Arrondir au dollar près correspond à arrondir à l'unité près.
   ```
      ³³³
     48,54      222,32 |5
     56,99    - 20      44,46...
     39,96      22
     32,39    - 20
   + 44,44      23
    222,32    - 20
                32
              - 30
                 2...
   ```
   f) Arrondir au cent près correspond à arrondir au centième près.
   ```
      ⁴²⁴
     35,19      316,40 |6
     78,29    - 30      52,73...
     89,75      16
     26,37    - 12
     48,54      44
   + 38,26    - 42
    316,40      20
              - 18
                 2...
   ```

Page 126

3. *La moyenne arithmétique consiste à additionner les données pour ensuite diviser la somme obtenue par le nombre de données. Pour arrondir au centième près, on observe le chiffre qui se situe à la position des millièmes, soit le 3e chiffre après la virgule. Si ce chiffre est égal à 0, 1, 2, 3 ou 4, le chiffre des centièmes reste le même, et on supprime tous les chiffres qui suivent. Si ce chiffre est égal à 5, 6, 7, 8 ou 9, on ajoute 1 au chiffre des centièmes, et on supprime tous les chiffres qui suivent.*
   a) 8,7 + 9,4 + 7,8 + 6,9 + 7,3 + 5,6 + 8,5 + 9,2 = 63,4
      → 63,4 ÷ 8 = 7,925
   b) 55 + 49 + 63 + 46 + 58 + 70 + 67 + 65 + 54 + 48 = 575
      → 575 ÷ 10 = 57,5
   c) 394 + 437 + 368 + 492 + 385 + 446 + 370 + 423 = 3315
      → 3315 ÷ 8 = 414,375
   d) 7605 + 7593 + 7642 + 7787 + 7036 = 37 663
      → 37 663 ÷ 5 = 7532,6
   e) 2,36 + 3,79 + 2,94 + 3,53 + 2,85 + 3,07 = 18,54
      → 18,54 ÷ 6 = 3,09
   f) 56, 7 + 54,82 + 52,3 + 56 + 53,6 + 51,49 = 324,91
      → 324,91 ÷ 6 = 54,15166...
4. *La probabilité est le rapport entre le nombre de fois qu'un événement déterminé se produit et le nombre de résultats possibles. Le diagramme en arbre doit se diviser en 2 branches (« oui » et « non ») qui se subdivisent à leur tour 3 fois, le nombre de branches étant de 16 à la dernière étape.*
   a)
   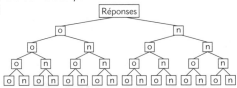
   b) La probabilité est de 6 chances sur 16 ou de 0,375.
   c) La probabilité est de 4 chances sur 16 ou 0,25.

Page 127

5. *La probabilité est le rapport entre le nombre de fois qu'un événement déterminé se produit et le nombre de résultats possibles.*
   a) La probabilité est de 1 chance sur 8 ou 0,125.
   Pour s'aider, on peut tracer un diagramme en arbre qui se divise en 2 branches (« garçon » et « fille ») se subdivisant à leur tour 6 fois, le nombre de branches étant de 128 à la dernière étape. Voir page 126, n° 4.
   b) On peut former 60 nombres différents de 3 chiffres.
   Pour s'aider, on peut dresser la liste de toutes les possibilités : 123, 124, 125, 132, 134, 135, 142, 143, 145, 152, 153,154, 213, 214, 215, etc.
   La probabilité est de 54 chances sur 72 ou 0,75.
   c) *Pour s'aider, on peut dresser la liste de toutes les possibilités : homme-lunettes – femme-gants – femme-chapeau – femme-rien ; femme-lunettes – homme-gants – femme-chapeau – femme-rien ; femme-lunettes – femme-gants – homme-chapeau – femme-rien, etc.*
   d) La probabilité est de 8 chances sur 32 ou 0,25.
   Puisque le sac contient 34 billes et qu'il y a 8 billes vertes, on a 8 chances sur 32 de tomber sur une bille verte.

Page 128

6. Les combinaisons possibles sont : roche-papier; roche-ciseau; papier-roche; papier-ciseau; ciseau-papier; ciseau-roche.
   On doit former des paires à partir des mots roche, papier et ciseau. Chaque paire ne doit pas se répéter, sauf dans un autre ordre.

7. La probabilité de réussir est de 9 chances sur 32 ou 0,28125.
La probabilité est le rapport entre le nombre de fois qu'un événement déterminé se produit et le nombre de résultats possibles. Le diagramme en arbre doit se diviser en 2 branches (« pile » et « face ») qui se subdivisent à leur tour 4 fois, le nombre de branches étant de 32 à la dernière étape. Ensuite, on doit compter le nombre de fois où le mot « pile » revient 3 fois dans la même branche. Voir page 126, n° 4.

TEST 17.1
Page 129
1. *Dans ce diagramme à bandes, la note obtenue par chaque élève est indiquée par un ruban vertical (d'un ton différent pour chaque école). Pour trouver la note associée à chaque élève, il suffit de suivre la ligne horizontale en haut de chaque bande jusqu'à la colonne des notes. Pour arrondir à l'unité près, on observe le chiffre qui se situe à la position des dixièmes, soit le 1er chiffre après la virgule. Si ce chiffre est égal à 0, 1, 2, 3 ou 4, le chiffre des unités reste le même, et on supprime la virgule et les chiffres qui suivent. Si ce chiffre est égal à 5, 6, 7, 8 ou 9, on ajoute 1 au chiffre des unités, et on supprime la virgule et les chiffres qui suivent.*
   a) 76 → *Pour calculer la moyenne arithmétique, on additionne les notes de Victor pour les 3 écoles, puis on divise la somme obtenue par le nombre d'écoles.*
   $(76 + 84 + 69) \div 3 = 229 \div 3 = 76,333$
   b) 87 → *Pour calculer la moyenne arithmétique, on additionne les notes de Geneviève pour les 3 écoles, puis on divise la somme obtenue par le nombre d'écoles.*
   $(96 + 90 + 74) \div 3 = 260 \div 3 = 86,666$
   c) 79 → *Pour calculer la moyenne arithmétique, on additionne les notes obtenues par chaque élève à l'école A, puis on divise la somme obtenue par le nombre d'élèves.*
   $(78 + 76 + 92 + 72 + 80 + 58 + 96 + 84) \div 8 = 636 \div 8 = 79,5$
   d) 77 → *Pour calculer la moyenne arithmétique, on additionne les notes obtenues par chaque élève à l'école C, puis on divise la somme obtenue par le nombre d'élèves.*
   $(72 + 66 + 89 + 81 + 66 + 78 + 75 + 78) \div 8 = 605 \div 8 = 76,625$
   e) 0 → *Pour trouver la différence entre la moyenne arithmétique des résultats de ces deux élèves, on additionne d'abord les notes de chaque élève et on les divise par 3, puis on soustrait la plus petite somme à la plus grande.*
   $(21 + 65 + 10) \div 3 = 229 \div 3 = 76,333...$
   $(84 + 66 + 78) \div 3 = 228 \div 3 = 76$
   $76 - 76,333... = 0,666...$

Page 130
2. *Le diagramme en beignet est une représentation graphique dans laquelle on exprime des données quantitatives à l'aide d'une section proportionnelle à la totalité du beignet. Pour compléter le tableau, on doit multiplier le nombre d'habitants par le pourcentage de chaque tranche d'âges. Par exemple, pour la population âgée de 0 et 14 ans :* $5\ 800 \times 9\ \% → 5\ 800 \times 9 \div 100 = 522$

	0 à 14 ans	15 à 29 ans	30 à 44 ans	45 à 59 ans	60 à 74 ans	75 ans et +
Nombre d'habitants	522	696	1392	1740	986	464

3. Les six combinaisons possibles sont :
BCDEFG, ABDEFG, ABCEFG, ABCDFG, ABCDEF et ABCDEG.

EXERCICES 2
Page 131
1. *Dans ce diagramme à bandes, le nombre de calories pour chaque aliment est indiqué par un ruban horizontal. Avant de tracer les rubans horizontaux, on doit trouver le nombre de calories pour chaque aliment en calculant à partir des indices fournis, et ce, dans l'ordre suivant :*
   mangue : 62
   épinards : 62 – 37 = 25
   pain aux raisins : 25 + 245 = 270
   gaufre : 270 + 103 = 373
   jambon : 373 – 226 = 147
   saumon fumé : 147 + 118 = 265
   cantaloup : 265 – 215 = 50
   œufs : 50 + 110 = 160
   yogourt : 160 – 103 = 57
   bagel nature : 57 + 153 = 210
   hot-dog : 210 + 190 = 400
   lait 2 % : 400 – 349 = 51

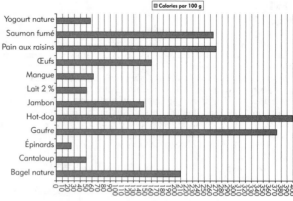

Page 132
2. *Dans ce diagramme à ligne brisée, les chiffres reliés aux ventes pour chaque catégorie d'articles sont indiqués par des points reliés entre eux par un trait. Une ligne brisée est tracée pour chaque libraire. Avant de tracer les points et de les relier, on doit trouver le nombre d'articles vendus dans chaque catégorie et par chaque libraire en calculant à partir des indices fournis, et ce, dans l'ordre suivant :*
   Libraire X → revues → 59
   Libraire X → dictionnaires : 59 – 34 = 25
   Libraire X → bandes dessinées → 25 + 4 = 29
   Libraire X → articles promotionnels : 29 – 17 = 12
   Libraire X → carte et signets → 12 x 2 = 24
   Libraire X → romans → 24 x 2 = 48
   Libraire X → albums à colorier → 48 – 34 = 14
   Libraire X → guides pratiques → 14 + 23 = 37
   Libraire Y → bandes dessinées → 15
   Libraire Y → guides pratiques : 15 + 28 = 43
   Libraire Y → revues → 43 – 9 = 34
   Libraire Y → cartes et signets → 34 ÷ 2 = 17
   Libraire Y → albums à colorier → 17 + 2 = 19
   Libraire Y → romans → 19 + 37 = 56
   Libraire Y → articles promotionnels → 56 – 36 = 20
   Libraire Y → dictionnaires → 20 + 8 = 28

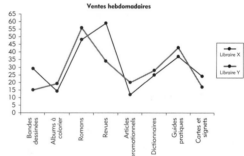

Page 133
3. *Dans ce diagramme à pyramides, le nombre de médailles remportées par chaque pays est indiqué par une pyramide de ton différent selon qu'il s'agit de médailles d'or, d'argent ou de bronze. Pour répondre aux questions, on doit suivre la pointe de chaque pyramide à l'horizontale jusqu'à la colonne de nombres.*
   a) 38 médailles de bronze
   b) 16 médailles d'argent
   c) 63 médailles
   On additionne le nombre de médailles d'or, d'argent et de bronze : $32 + 17 + 14 = 63$
   d) 20 médailles
   On soustrait le nombre de médailles d'or remportées par les Japonais du nombre de médailles d'or remportées par les Américains.
   e) 45 points
   On doit multiplier par 3 le nombre de médailles d'or, par 2 le nombre de médailles d'argent et par 1 le nombre de médailles de bronze remportées par les Chinois. Puis on répète les mêmes opérations pour les Australiens. Enfin, on soustrait le nombre de points des Australiens à celui des Chinois : $[(32 \times 3) + (17 \times 2) + (14 \times 1)] – [(17 \times 3) + (16 \times 2) + (16 \times 1)] = 144 – 99 = 45$

Page 134
4. *Réponses variées pour le tableau : en réalité, Gontran devrait maintenir son poids, car il a autant de chances de manger un aliment sain qu'un aliment malsain.*